RENSEIGNEMENTS ARCHÉOLOGIQUES
SUR LA TRANSFORMATION
DU C GUTTURAL DU LATIN
EN UNE SIFFLANTE,
ET
MÉMOIRE
SUR LE MONNAYAGE EN GAULE
AU NOM
DE L'EMPEREUR MAURICE TIBÈRE,

PAR M. DELOCHE.

EXTRAIT DES MÉMOIRES DE L'ACADÉMIE DES INSCRIPTIONS ET BELLES-LETTRES.
TOME XXX, 2ᵉ PARTIE.

PARIS.
IMPRIMERIE NATIONALE.

M DCCC LXXXIII.

RENSEIGNEMENTS ARCHÉOLOGIQUES

SUR LA TRANSFORMATION

DU C GUTTURAL DU LATIN

EN UNE SIFFLANTE,

ET

MÉMOIRES

SUR LE MONNAYAGE EN GAULE

AU NOM

DE L'EMPEREUR MAURICE TIBÈRE.

RENSEIGNEMENTS ARCHÉOLOGIQUES
SUR LA TRANSFORMATION
DU *C* GUTTURAL DU LATIN
EN UNE SIFFLANTE,
ET
MÉMOIRES
SUR LE MONNAYAGE EN GAULE
AU NOM
DE L'EMPEREUR MAURICE TIBÈRE,
PAR M. DELOCHE.

EXTRAIT DES MÉMOIRES DE L'ACADÉMIE DES INSCRIPTIONS ET BELLES-LETTRES,
TÔME XXX, 2.ᵉ PARTIE.

PARIS.
IMPRIMERIE NATIONALE.

M DCCC LXXXIII.

RENSEIGNEMENTS ARCHÉOLOGIQUES

SUR LA TRANSFORMATION

DU C GUTTURAL DU LATIN

EN UNE SIFFLANTE.

La prononciation du *c* dans la langue latine et dans les langues romanes, ses transformations suivant les temps, les pays et la position de cette lettre dans les mots, ont été l'objet de savantes études de la part des linguistes. Frappé de l'intérêt que pouvaient offrir, pour l'histoire des changements survenus dans l'articulation de cette consonne, quelques renseignements fournis par l'archéologie et la numismatique, j'en ai entretenu un de nos confrères, éminemment compétent en ces matières [1]; il a pensé qu'il y aurait utilité à les faire connaître, et cette appréciation a déterminé la communication que j'ai l'honneur de faire aujourd'hui à l'Académie.

I

Je dois tout d'abord indiquer sommairement l'état actuel de

---

[1] M. Gaston Paris.

nos connaissances d'après les recherches de MM. Diez[1], Corssen[2], Schuchardt[3] et de M. Ch. Joret, qui, en dernier lieu, a consacré à la lettre c un travail spécial, rempli de faits, de fines observations et d'aperçus ingénieux[4].

Jusqu'à la fin du haut empire, le c latin a eu, dans toutes les positions et quelle que fût la lettre dont il était suivi, la valeur gutturale, et il s'est prononcé comme le ϰ des Grecs. Ce point est hors de doute.

Plus tard et à une époque qu'on a cherché à définir, cette consonne a eu deux sons différents suivant la lettre devant laquelle elle était placée.

Devant a, o, u, au, ou, devant une consonne, ou à la finale, c est resté guttural.

Placé devant e, i, æ, œ, il a perdu, dans le domaine romain presque entier, son ancienne prononciation pour devenir une sifflante.

A quelle date et comment ce phénomène d'assibilation s'est-il produit? Les érudits qui s'en sont occupés reconnaissent qu'il règne encore à ce sujet de l'incertitude. Toutefois, il y a des points de repère qu'ils ont observés et d'après lesquels ils sont arrivés aux conclusions suivantes :

1° Pendant toute la durée de l'empire d'Occident, c'est-à-dire jusqu'à l'an 476, le c latin a conservé le son guttural devant toutes les voyelles. Cette première proposition est énoncée

---

[1] *Grammatik der romanischen Sprachen* (*Grammaire des langues romanes*), 3ᵉ édition, 1869, traduction de MM. Brachet et Gaston Paris, in-8°. Paris, 1874, t. 1, p. 225-233.

[2] *Ueber Aussprache, Vocalismus und Betonung der lateinischen Sprache*, 2ᵉ édition. Leipzig, 1868-1870, tome I, page 48.

[3] *Vocalismus des Vulgarlateins*, in-8°, Leipzig, 1866, t. 1, p. 164.

[4] *Du C dans les langues romanes* (Bibliothèque de l'École des hautes études, 16ᵉ fascicule). Paris, 1874, p. 23 à 30 et 66 à 70.

sous la réserve de faits exceptionnels qui seront mentionnés plus bas.

2° D'après sa valeur dans certains mots qui ont passé du latin dans l'allemand[1], et qui ne paraissent y avoir passé que depuis les grandes invasions germaniques du ve et du vi{e} siècle, ce mode de prononciation subsistait à ces époques.

3° Les transcriptions grecques de groupes latins dans des chartes de Ravenne du vi{e} et du viie siècle montrent qu'il se maintenait encore dans ces temps-là[2].

4° Pourtant, déjà au vi{e} et au viie siècle, *c* était aussi employé dans certaines positions comme une sifflante, et il faut distinguer, pour la recherche de la date de cette nouvelle prononciation, entre le *c* suivi d'*e* ou d'*i* et d'une autre voyelle, et le *c* placé devant *e* ou *i* tout seul.

5° Dans le premier cas, l'assibilation paraît s'être produite d'assez bonne heure, car les chartes mérovingiennes du viie siècle nous montrent *ci* employé concurremment avec *ti*[3]; or *t*, placé devant un *i* suivi d'une autre voyelle, avait, au vi{e} siècle et peut-être dès le ve, perdu le son dental pour se changer en sifflante, et, au viiie siècle, il se prononçait depuis longtemps *tzi, tsi, zi* ou *si*; il fallait donc évidemment, pour qu'on lui substituât dans les chartes *ci* ou qu'il se substituât à *ci* (ce qui était également fréquent)[4], il fallait, dis-je, que ce

---

[1] Exemples : *carcer* a fait en allemand « Kerker »; *cellarium* « Keller »; *cista* « Kiste ».

[2] Exemples : δεκει pour *decem*, φεκιτ pour *fecit*.

[3] Exemples : *solacio, perdicio, racio,* à côté de *solatio, perditio, ratio.*

[4] Exemples : *Martia* pour *Marcia, Muzius* pour *Mucius.*

dernier eût une valeur égale, et que *c* eût perdu le son guttural et affectât celui du *t* transformé, c'est-à-dire de *tz* ou *ts*.

6° Il en fut de même, mais un peu plus tard, dans le second cas, c'est-à-dire lorsque *c* était devant un seul *e* ou *i*. On trouve des exemples de ce changement au VIII° siècle, à la fin du VI° et même au V° siècle [1]. Dans les deux cas, d'après M. Joret, le fait était le résultat de l'ébranlement qui se produisit, lors de la destruction de l'empire, dans la phonétique du latin, et qui affecta surtout les gutturales [2]; et, une fois cet ébranlement survenu, il n'y avait, dit-il, aucune raison pour que le *c* palatal conservât sa valeur originelle devant une voyelle simple plutôt que devant le groupe *ia* ou *ius*. Aussi est-il vraisemblable, suivant M. Joret, que la modification qui nous occupe eut lieu simultanément dans les deux cas indiqués, ou que, du moins, si elle s'effectua plus tôt dans le premier que dans le second, il n'y eut entre les deux faits qu'un intervalle peu considérable.

Je dois ajouter que, sur cette question de dates relatives, Diez professe une doctrine différente, car il considère l'assibilation dans le premier cas comme étant sensiblement plus ancienne que dans le second.

Quant à la cause des changements survenus dans la phonétique du latin, que M. Joret attribue à l'ébranlement produit par la destruction de l'empire, je ferai observer qu'il serait peut-être plus exact de dire qu'ils commencèrent à s'effectuer, et s'accomplirent *graduellement* à partir des invasions ou mieux

---

[1] Au V° siècle, *intcitamento* pour *incitamento*; au VI°, *paze* pour *pace*; au VIII°, *leterorum* pour *ceterorum*.

[2] Ch. Joret, *Du C dans les langues romanes*, p. 71.

encore des intrusions ou des infiltrations, sur les terres de l'empire, de races barbares, dont la phonétique différait si profondément de celle des populations latines ou latinisées, et qui, au IVe et même au IIIe siècle, pénétrèrent de toutes parts le monde romain. M. Joret lui-même n'est sans doute pas bien éloigné de cette manière de voir, car, après avoir dit que des *exemples multipliés,* apparaissant depuis le Ve siècle, prouvent qu'à dater de cette époque *ti* suivi d'une autre voyelle tendit à se transformer définitivement en *ts*, son qui fut désormais reconnu comme le seul régulier [1], il cite des exemples dont quelques-uns remontent plus haut : ainsi, *terminac(iones)*, *defenicioni,* de 220 à 235, *ocio,* en 389 [2]; de même pour *ti*, suivi d'une autre voyelle, changé, dès le IVe siècle, en *z* [3] ou en *ss* redoublé [4].

Telle est, en résumé, la théorie des transformations du *c* latin, telle qu'elle ressort des écrits des auteurs les plus autorisés; résumé défectueux sans doute à certains égards (comme tous les résumés, surtout en une matière si compliquée) par l'omission partielle de périodes de transition et par l'indication de dates peut-être un peu trop précises quant à l'accomplissement des phénomènes de changements dans la phonétique, c'est-à-dire pour ce qu'il y a de plus fugitif et de plus mobile dans la linguistique.

II

Il est à remarquer d'abord, et les savants précités le déclarent eux-mêmes, que, sur la question dont il s'agit, les preuves directes font défaut, et qu'ils y ont suppléé par des témoignages indirects. En second lieu, ces témoignages sont exclusivement

---

[1] *Op. cit.*, p. 68.   [2] *Op. cit.*, p. 67.
[3] *Id., ibid.*   [4] *Id., ibid.*, p. 68.

empruntés aux auteurs de l'antiquité et du moyen âge, aux inscriptions et aux chartes. On n'en trouve aucun qui soit tiré de l'archéologie proprement dite ou de la numismatique. On ne rencontre pas même, dans les ouvrages publiés sur ce sujet, la mention d'un travail, peu développé il est vrai, que M. Henri Cohen, le laborieux et savant auteur de la *Description historique des monnaies romaines*[1], a fait paraître, en 1854, sous le titre d'*Essai sur la véritable prononciation du latin d'après les médailles antiques*[2].

Les exemples que je vais signaler à l'attention des érudits donneront une idée du parti considérable qu'on peut tirer des légendes inscrites sur les monnaies et sur les objets d'art ou autres, provenant des époques où durent s'opérer les transformations qui nous occupent.

Le premier de ces exemples nous est fourni par un vase en verre de couleur verte, de forme hémisphérique, qui faisait partie du mobilier d'une tombe mérovingienne fouillée, le 5 mai 1880, par M. l'abbé Hamard, au lieu dit le Mont-de-Hermes, commune de Hermes, département de l'Oise, et dont une description a été insérée au *Bulletin de la Société des antiquaires de France*[3]. Ce vase, dont la surface est imbriquée, est orné, au pourtour, de chevrons et, à la partie inférieure, d'une rosace, autour de laquelle est une inscription rétrograde, pré-

---

[1] L'Académie des inscriptions et belles-lettres a décerné, en 1862, le prix de numismatique à cet important ouvrage d'un érudit dont nous avons à déplorer la perte récente.

[2] *Revue numismatique*, 1ʳᵉ série, t. XIX, p. 296 et suiv. M. Cohen a traité des lettres C, H, J, U, et des diphtongues OU et AV. Il a démontré (pages 302 à 304), d'après des exemples empruntés aux monnaies romaines de la république et de l'empire, que les Romains prononçaient le c, en toute occasion, comme le x des Grecs, et que *Caisar* ou *Caesar*, *Coilius* ou *Coelius*, *Cilo* ou *Chilo*, se disaient *Kaesar*, *Koelius*, *Kilo*.

[3] Année 1880, 4ᵉ trimestre, p. 228, n° 10 de la planche.

cédée ou suivie d'une palmette, le tout moulé avec le verre. Nous reproduisons ici le dessin de ce vase.

On y lit, en caractères très pleins et très nets :

OFIKINA LAVRENTI V

Nous montrerons bientôt que la dernière lettre V doit être isolée du nom du maître de l'atelier.

K, mis ici à la place de c, est une preuve directe et irrécusable de la persistance de la valeur gutturale de cette dernière consonne, dans la période mérovingienne; et ce fait, dont on ne connaissait pas encore d'exemple à cette époque, est rendu plus intéressant encore par un rapprochement qui nous permettra de fixer avec une très grande vraisemblance le lieu, et approximativement la date de la fabrication du vase de Mont-de-Hermes.

La marque *Ofikina Laurenti* nous a remis tout aussitôt en mémoire une monnaie célèbre, un tiers de sou d'or, portant, au droit, le nom de l'empereur Maurice Tibère, et au revers, dans le champ, le chrisme posé sur un petit globe et accosté des lettres A et ω, avec une légende circulaire ainsi conçue:

+ VIENNA DE OFFICINA LAVRENTI.

Cette pièce, qui est au Cabinet des médailles de la Bibliothèque nationale, et que nous y avons étudiée[1], a été publiée pour la première fois par Bouteroue, en 1666[2]; reproduite, en 1740 par de Boze[3] et, en 1854, par M. Charles Lenormant,

---

[1] Nous la reproduisons plus bas, p. 43. Ce triens appartenait, au moment où il fut édité par Bouteroue, à M. Seguin, doyen de Saint-Germain-l'Auxerrois, qui l'avait eu de M. Vachon de la Roche, conseiller au Parlement de Grenoble. Après la mort de M. Seguin, il passa, avec toute sa collection, dans le cabinet du roi. Nous empruntons ces détails à un mémoire de de Boze, intitulé *Réflexions sur une médaille d'or de l'empereur Maurice*, et inséré au tome XV (p. 482) des *Mémoires de l'Aca-* démie des inscriptions et belles-lettres, 1ʳᵉ série. Dans ce mémoire, sur lequel nous reviendrons plus bas, de Boze fait connaître que le marquis de Caumont lui envoya une pièce semblable à celle dont il est ici question, et qui venait d'être trouvée dans les terres de ce personnage, près d'Avignon. J'ignore ce qu'elle est devenue.

[2] *Recherches curieuses des monnoies de France*, p. 136.

[3] *Mém. de l'Acad. des inscriptions et belles-lettres*, 1ʳᵉ série, tome XV, p. 482.

dans la *Revue numismatique*, sur une des planches qui accompagnent sa onzième lettre à M. de Saulcy, relative aux plus anciens monuments numismatiques de la série mérovingienne [1].

La formule désignant l'officine du monnayer est peu usitée dans cette période, puisqu'on n'en connaît que deux autres exemples, qui remontent, comme celui-là, à la seconde moitié du vi^e siècle, et sont également fournis par la vallée du Rhône [2]. Il est donc tout naturel de le rapprocher de la marque inscrite, dans les *mêmes termes*, sur un vase fabriqué vers la *même époque*, par un artisan du *même nom*. Cette triple coïncidence, qui ne paraît pas pouvoir être l'effet du hasard, autorise, il me semble, à considérer les deux objets, vase et médaille, comme étant, suivant toutes les probabilités, sortis du même atelier.

De plus, le V placé à la fin de la marque du verrier, à la suite du nom de *Laurenti*, lequel est nécessairement décliné au génitif, devient logiquement l'initiale du *Vienna* de la monnaie, et nous avons alors la reproduction presque intégrale de la légende *Vienna de officina Laurenti*.

---

[1] *Revue numismatique*, 1re série, t. XIX, pl. XIII, n° 11.

[2] On connaît en effet : 1° deux tiers de sou d'or portant au droit le nom de l'empereur Justinien, et au revers DE OFICINA MARET, avec un monogramme dans le champ (B. Fillon, *Considérations sur les monnaies de France*, pl. II; *Revue numismatique*, 1844, pl. I, n° 3, et 1854, pl. XII, n° 12); M. Ch. Lenormant a interprété le monogramme par *Viennensis ecclesia* (*Revue numismatique*, 1854, p. 322), mais à tort suivant nous; la lettre L pointée, qui est au droit dans le champ, désigne la cité lyonnaise; 2° deux tiers de sou de la collection de M. de Ponton d'Amécourt, portant au revers : DE OFFICINA MAVRENTI (*Annuaire de la Société française de numismatique et d'archéologie*, 1866, p. 117). Le monogramme gravé dans le champ de ces pièces est semblable à celui du triens de Maret; et il nous paraît vraisemblable que ces quatre médailles sortent de la même officine. Il y a aussi quelques rares exemples de monnaies impériales portant en légende, au revers, *officina* en toutes lettres, ou seulement *of*, suivi du nom de la ville où était l'atelier, mais sans nom de monnayer : ce dernier vocable ne parut que longtemps après la chute de l'empire d'Occident; on trouve des pièces notamment avec l'inscription : *officina Lugduni*.

Notre triens nous procure ainsi un double et précieux avantage : 1° il fixe la position de l'atelier de Laurent, à la fois monnayer et verrier, à Vienne en Dauphiné, ancienne colonie romaine, chef-lieu de la province viennoise; 2° il détermine approximativement, par la durée du règne de l'empereur Maurice, au nom duquel elle est frappée, la date de la fabrication du vase : Maurice succéda à Tibère en 582 et mourut en 602; c'est donc dans la période comprise entre ces deux années que se placeraient les deux monuments qui nous occupent. Peut-être même n'est-il pas impossible de resserrer cet intervalle et d'obtenir une date encore plus approximative; c'est ce que nous allons tenter.

En 1746, un membre de l'ancienne Académie des inscriptions et belles-lettres, Bonamy, donna, dans un mémoire étendu, l'explication du nombre considérable de monnaies d'or frappées à Marseille, Arles, Vienne, Valence et Viviers, au nom de l'empereur Maurice Tibère, après une période de 17 ans, où le monnayage en Gaule au nom des empereurs régnant à Constantinople avait été interrompu presque entièrement sous l'un des deux prédécesseurs de Maurice et complètement sous l'autre[1]. Il expliqua ce fait par la tentative de Gondovald, qui se disait fils naturel de Clotaire Ier, et, après s'être réfugié dans le nord de l'Italie en 564, et de là à Constantinople en 569, revint en Gaule avec l'assistance de Maurice et débarqua à Marseille en 583, occupa quelques cités des bords du Rhône, et se fit reconnaître, à la fin de l'année 584, dans la Provence, l'Auvergne, le Limousin, l'Angoumois, la Saintonge et les pays situés au sud de ces provinces. Gondovald fut élevé sur le bouclier et proclamé roi à Brive en Limousin. Mais bientôt aban-

---

[1] Nous avons consacré à ce point de fait une dissertation spéciale, dont la publication suivra de près celle du présent mémoire.

donné par les chefs qui l'avaient soutenu jusque-là, il essuya des défaites, alla s'enfermer dans *Lugdunum Convenarum* (Saint-Bertrand-de-Comminges), et périt par trahison sous les murs de cette place fortifiée, au commencement du mois de mai de l'an 585. Ainsi finit cette entreprise, dont Grégoire de Tours nous a laissé le dramatique récit[1].

En échange de l'appui qu'il avait reçu de Maurice, Gondovald s'était fort probablement engagé à rétablir dans les États dont il prendrait possession la suprématie impériale, bien affaiblie ou plutôt à peu près disparue de la terre gauloise. Telle était du moins la croyance des contemporains, d'après un passage de Grégoire de Tours[2]. Or, ajoute l'auteur du mémoire que nous analysons, Gondovald ne pouvait faire aucun acte marquant mieux la souveraineté impériale que de faire frapper des monnaies au nom du prince régnant à Byzance. Aussi est-il grandement à présumer que l'émission de sous et de tiers de sou d'or qui eut lieu dans un certain nombre de cités de la vallée du Rhône et du bas Languedoc, au nom de Maurice Tibère, correspond au temps que dura l'expédition du prétendant et dut cesser peu après son issue tragique[3].

D'après cette explication de Bonamy, c'est donc entre l'année 583, ou plus vraisemblablement l'année 584, et la fin du mois de mai 585 que le triens de Vienne à la légende *de officina Laurenti* aurait été frappé, et c'est, par suite, vers la même époque, ou du moins à une époque qui n'en serait pas éloignée, qu'aurait été fabriqué le vase sorti de l'atelier du même artiste ou artisan, avec la marque *Ofikina Laurenti*.

En tout cas, le rapprochement de ces deux monuments archéologiques nous fournit une preuve directe de la per-

---

[1] *Historia ecclesiastica Francorum*, liv. VI, ch. XXIV, et VII, x et suiv. — [2] VI, XXIV. — [3] *Mémoires de l'Acad. des inscript. et belles-lettres*, t. XX, p. 188-189.

sistance du *c* guttural devant *i* seul, dans une région déterminée de l'ancienne Gaule, sous l'empereur Maurice, c'est-à-dire entre les années 582 et 602.

III

Ce n'est pas tout : la même monnaie nous fournit une autre indication curieuse et intéressante pour l'étude des changements dans l'articulation du *c* à la fin du vi^e siècle.

Nous avons reproduit plus haut la légende du revers de cette pièce : voici maintenant la légende qui est au droit et qui entoure l'effigie impériale; elle est fort nettement gravée, parfaitement venue sous le coin, et la lecture n'en est douteuse dans aucune de ses parties :

DN ᘻAVRI∾CIVS PP AV

On remarquera l'S couché qui est au milieu du nom de Maurice. Un des plus habiles archéologues de l'ancienne Académie des inscriptions et belles-lettres, de Boze [1], proposa d'y voir le sigle de *Sanctus,* et de considérer la pièce qui nous occupe comme étant une médaille votive, frappée en l'honneur de saint Maurice, patron de l'église métropolitaine de Vienne: on devait, d'après son avis, traduire ainsi la légende entière :

Dominus Noster MAVRICIVS *Sanctus PerPetuus* AV*gustus*[2].

Mais les objections abondent contre une telle interprétation.

Il n'y a point, croyons-nous, d'exemple qu'à aucune époque

---

[1] De Boze, qui occupa, depuis l'année 1719 jusqu'à l'année 1753, la charge de garde des médailles du Cabinet du roi, était entré fort jeune à l'Académie des inscriptions et belles-lettres, dont il devint, en 1706, le secrétaire perpétuel, à l'âge de vingt-six ans.

[2] *Mémoires de l'Académie des inscriptions et belles-lettres,* 1re série, t. XV, p. 482 et suiv.

on ait fait suivre le nom d'un saint de ces deux qualificatifs : *perpetuus* et *augustus*.

Nous connaissons une certaine quantité de sous et de tiers de sou au nom de Maurice, sortis des ateliers d'Arles, de Marseille et de Valence, dont ils portent les *différents*[1]. Comment expliquer qu'on eût frappé, dans ces trois cités et avec leurs marques respectives, une médaille en l'honneur du patron de la ville de Vienne?

Ces mêmes pièces ont au droit, sauf l'S renversé, la même légende que celle de Vienne; quelques-unes portent, en plus, à la suite du nom de *Mauricius*, celui de son prédécesseur et beau-père l'empereur *Tiberius*.

Enfin elles présentent au revers : 1° *Victoria Augustorum*, et en exergue la marque immobilisée *conob*, qui a été diversement comprise; 2° les lettres numérales XXI sur les sous d'or et VII sur les tiers de sou, lesquelles expriment la valeur en siliques d'or des uns et des autres.

Toutes ces inscriptions sont incontestablement celles de monnaies, et il est de la dernière évidence qu'aucune d'elles ne saurait convenir à une médaille votive en l'honneur d'un saint.

L'hypothèse conçue par de Boze est donc absolument inadmissible à tous les points de vue. La pièce en question est bien un tiers de sou, frappé au nom de l'empereur Maurice Tibère, et la légende du droit doit être interprétée ainsi :

D(*ominus*) N(*oster*) MAVRI∽CIVS P(*er*)P(*etuus*) AV(*gustus*).

Cela posé, nous avons à examiner la valeur d'une autre

---

[1] *Mémoires de l'Académie des inscriptions et belles-lettres*, t. XX, p. 209 et 210, et les planches; *Revue numismatique*, 1ʳᵉ série, t. XIX, pl. XIII, n° 1; Combrouse, *Recueil de 900 monét. mérov.*, pl. LIX, nᵒˢ 1 et 3; Ponton d'Amécourt, *Essai sur la numismatique mérovingienne*, p. 109 et 174.

conjecture, émise par l'abbé Du Bos, sur la signification particulière qu'aurait eue l'S couché, qui est intercalé dans le nom de *Mauriscius*.

Le célèbre auteur de l'*Histoire critique de l'établissement de la monarchie françoise dans les Gaules* a cru y trouver l'initiale du nom du comte Syagrius, qui, d'après un passage de Frédégaire, ayant été envoyé, en 587, par le roi Gontran, en ambassade à Constantinople, aurait été élevé par Maurice Tibère à la dignité et aux fonctions de patrice, avec le dessein préconçu de rétablir, par son intermédiaire, dans la Gaule, l'autorité de l'empereur byzantin[1].

Bonamy, qui, dans le mémoire déjà cité, a discuté cette opinion de Du Bos, la reproduit en ces termes : « M. l'abbé Du Bos « croit qu'en vertu du diplôme de l'empereur Maurice qui l'avait « élevé au patriciat, Syagrius voulut se faire reconnaître pour « un officier de l'empire; d'où il conclut que, dans le temps où « se tramoit ce complot, quelques-uns des adhérans de Syagrius « firent frapper dans Vienne la monnaie dont il s'agit... On « peut encore, ajoute M. l'abbé Du Bos, appuyer la conjecture « que je hazarde, sur ce qu'il y a dans la médaille de Vienne « une S, laquelle coupe les lettres qui composent le nom de « Maurice, et que cette lettre est la première du nom de Syagrius[2]. »

Bonamy déclare ensuite que cette explication est, à ses yeux,

---

[1] « Anno vigesimo septimo ejusdem « regni (Guntchramni) ... Ipsoque anno, « Syagrius comes Constantinopolim, jussu « Guntchramni, in legatione pergit, ibique « fraude patricius ordinatur. Cœpta qui- « dem est, sed ad perfectionem hæc fraus « non peraccessit. » Fredegarii Scholastici *Chronicum*, cap. VI, dans Bouquet, *Histor. de France*, t. II, p. 418.

[2] *Mémoires de l'Académie des inscriptions et belles-lettres*, 1re série, t. XX, p. 208-209. Nous avons recherché cette conjecture dans le tome III (p. 209) de l'*Histoire critique de l'établissement de la monarchie françoise*, où Du Bos s'est occupé de la tentative de Syagrius; nous y avons trouvé la citation de Bonamy, sauf en ce qui concerne le sens de l'S couché de

insoutenable, parce qu'en 587, alors que Gontran régnait sans conteste sur ces parties de la Gaule, il n'y avait pas d'apparence qu'on eût osé battre monnaie dans la cité viennoise, au coin de l'empereur; « aussi, dit-il en terminant, M. l'abbé Du « Bos ne donne-t-il cette explication que comme une pure con- « jecture. »

Elle a été pourtant reprise en 1854, par M. Ch. Lenormant, qui s'est efforcé de la réhabiliter. Il a fait observer que l'entreprise de Syagrius reçut peut-être un commencement d'exécution, et il a pensé qu'on ne devrait rien voir d'impossible à ce que Syagrius, à son retour de Constantinople, eût fait reconnaître son autorité de patrice et celle de l'empereur dans quelques cités du Midi et jusqu'à Vienne, ce qui expliquerait la présence de son initiale sur le triens fabriqué dans cette ville [1].

Rappelons d'abord que, d'après les expressions employées par Frédégaire, *cœpta quidem est, sed ad perfectionem hæc fraus non peraccessit*, le complot dut avorter complètement, c'est à dire recevoir à peine, s'il en reçut aucun en Gaule [2], un commencement d'exécution. Mais, dans le système de M. Ch. Lenormant, il faudrait bien plus encore; car, avant de parvenir à Vienne et d'y établir son autorité de manière à y faire battre monnaie au nom de Maurice et avec sa propre initiale, Syagrius aurait dû, après son débarquement à Marseille, se faire accepter comme patrice dans cette cité, et successivement dans celles d'Arles et d'Avignon, ce qui suppose une série de succès

---

Mauriscius, qui avait peut-être été l'objet d'une communication spéciale de Du Bos à l'Académie.

[1] *Revue numismatique*, 1ʳᵉ série, t. XIX, p. 316-317.

[2] Voici comment Du Bos a entendu ce passage de Frédégaire : « La trasme ayant « été descouverte demeura sans effet : c'est- « à-dire que Maurice révoqua le diplôme « en vertu duquel Syagrius devoit se faire « reconnoître dans les Gaules pour un offi- « cier de l'Empire, ou que ce Romain n'osa « le publier ni tenter de s'en prévaloir. » (*Loc. cit.*, p. 209.)

que contredisent les paroles de l'annaliste, et que rend bien invraisemblable le silence absolu que tous les historiens auraient gardé sur ces graves événements.

En second lieu, l'idée de faire constater son titre par l'intercalation d'un S, initiale de son nom, au milieu du vocable impérial, dans une légende monétaire, n'eût pas été seulement bizarre et puérile; elle risquait encore plus d'être inefficace, car il y avait de grandes chances pour qu'elle restât incomprise et même inaperçue des populations dont on aurait voulu frapper l'attention.

Quant à la particularité de l'S couché, à laquelle on paraît avoir attaché de l'importance, elle n'en a véritablement aucune : le monnayage byzantin et les monnayages visigoth et mérovingien nous offrent de fort nombreux exemples de cette lettre ainsi figurée, tantôt afin de remplir un espace trop étendu pour la légende, tantôt et plus souvent sans doute par un simple caprice du graveur de coins. Les planches qui accompagnent, dans la *Revue numismatique*, le travail de M. Ch. Lenormant, en présentent à elles seules *sept exemples*[1]; et, aux yeux de tous les numismatistes, de M. Lenormant lui-même, cette lettre n'en fait pas moins partie intégrante du nom dans lequel elle est intercalée, ou à la suite duquel elle est inscrite; et personne n'a songé et ne songe à lui attribuer une signification spéciale. Toutefois il est nécessaire d'expliquer l'emploi qui en a été fait ici.

Le *c* de *Mauricius* est devant un *i* suivi d'une autre voyelle, et nous avons vu plus haut que, selon l'avis unanime des lin-

---

[1] Voir *Revue numismatique*, 1ʳᵉ série, t. XIX, pl. XI, nᵒˢ 5, 6 et 8; pl. XII, nᵒ 11; pl. XIII, nᵒˢ 12 et 13; pl. XIV, nᵒ 4. Signalons en particulier le nᵒ 8 de la planche XI, où on lit : DN IVꟼTINIANVꟼ. Il y a aussi beaucoup d'exemples d'S gravé à rebours : Ƨ, comme dans le nᵒ 4 de la planche XIV.

guistes, cette consonne, dans de telles conditions, a perdu de bonne heure sa valeur gutturale et pris celle d'une sifflante. On écrivait en effet, indifféremment, au viie siècle, *propitio* et *propicio*, *pretium* ou *precium*; d'où l'on a justement induit que *c* se prononçait, en pareil cas, comme le *ti* transformé en *tzi* ou *tsi*, *si* ou *zi*[1]. Mais, au siècle précédent, l'assibilation du *c* n'était pas encore bien établie, et il régnait alors probablement, comme à toute époque de transition, de l'incertitude dans le mode d'articulation de cette consonne. En plaçant un *s* devant le *c* de *Mauricius*, le monnayer ou son graveur de coins a voulu sans doute déterminer la prononciation sifflante de cette dernière consonne.

Ajoutons que, si le fabricant de notre triens avait intentionnellement gravé ou fait graver l'*s* médial dans la position horizontale où nous le voyons, ce n'aurait pu être que dans l'intention d'accentuer d'une manière plus sensible ce mode d'articulation.

Telle est l'explication très simple d'une circonstance qui a suggéré les étranges conjectures que nous avons rapportées et discutées plus haut.

Il est intéressant de constater que, tandis que le monnayer Laurent marquait ainsi l'assibilation du *c* suivi de deux voyelles au droit du triens frappé à Vienne sous le règne de Maurice, il s'abstenait de ce procédé dans la légende du revers, à l'égard du *c* suivi d'un *i* seul d'*officina*, lui laissant la valeur gutturale, telle que la marquait encore très nettement l'inscription *ofikina* du vase de verre fabriqué par ce même Laurent.

IV

Il me reste à parler, en terminant, de deux monuments nu-

[1] Voir Joret, *Du C dans les langues romanes*, p. 311-316.

mismatiques qui touchent également à notre sujet. Ils n'apportent point, à vrai dire, des renseignements nouveaux; mais, en confirmant les informations puisées à d'autres sources, ils nous procurent, l'un avec une date approximative, l'autre avec une date très précise, des exemples de la substitution de ci à ti, laquelle impliquait, ainsi que je l'ai dit plus haut, l'identité de valeur des deux groupes.

Le premier de ces monuments, décrits par Banduri, est un tiers de sou d'or portant :

Au droit, autour de l'effigie impériale, D N MAVRITI PP VG.

Au revers, VICTORIA AVGG; en exergue, CONOB[1].

Le second est un médaillon de bronze, de grande dimension, présentant :

Au droit, autour du buste habillé et orné de l'empereur, MAVRITIVS.

Au revers, ANNO XI·A, et, séparés de cette lettre par un large espace, R E[2].

Dans le nom de Maurice Tibère, qui s'écrivait communément et même presque toujours MAVRICIVS, on a gravé ici un T au lieu de C, et cette forme *Mauritius*, qui se rencontre assez fréquemment dans des périodes plus récentes[3], montre bien que l'assibilation de ci suivi d'une autre voyelle était opérée, à la date fixée par le revers du médaillon, à la onzième année du règne de Maurice, laquelle tombe en 593.

On voit, par les exemples que nous venons de produire tou-

---

[1] Banduri, *Numismata imperator. romanor.*, supplément, p. 395.

[2] *Op. cit.*, t. II, p. 665.

[3] Voir notamment : 1° *Historia Langobardor.*, de Paul, ms. du musée de la Bibliothèque d'Assise, du VIII° siècle; *Monument. German. histor.; Scriptor. rer. Langobard. et Ital.*, in-4°, p. 125; 2° *Epistola Childeberti*, etc., ms. du IX° siècle : Pardessus, *Diplom. et chartæ*, t. I, p. 160; 3° *Chronic. Moissiac.*; Pertz, *Monum. German. histor.*, SS, t. I, p. 286; ms. du IX° ou X° siècle.

chant les changements survenus dans la phonétique du *c* latin, quelles ressources l'archéologie, et surtout la numismatique, tiennent en réserve pour les sciences philologiques, et combien il est à désirer que ces deux branches importantes de l'érudition soient mises à contribution, sous ce rapport, plus souvent qu'elles ne l'ont été jusqu'à ce jour[1].

---

[1] Je veux parler de l'archéologie proprement dite; car les monuments épigraphiques ont été largement utilisés par les linguistes. Il n'est que juste de mentionner ici deux excellents travaux de M. d'Arbois de Jubainville : 1° *La déclinaison latine en Gaule à l'époque mérovingienne* (Paris, 1872); 2° *Études grammaticales sur les langues celtiques* (la première partie vient de paraître, Paris, 1881), où ce savant a mis à profit les légendes monétaires.

LE MONNAYAGE EN GAULE

AU NOM

DE L'EMPEREUR MAURICE TIBÈRE.

SES RAPPORTS AVEC L'EXPÉDITION DU PRÉTENDANT GONDOVALD (AN 583-585).

Dans la séance où j'ai eu l'honneur de lire à l'Académie mon mémoire sur le changement du *C* guttural du latin en une sifflante, M. Charles Robert a présenté quelques observations touchant le rapport signalé entre l'émission en Gaule de monnaies au nom de Maurice Tibère et la tentative faite, en 583, avec l'assistance de ce prince, par Gondovald, prétendant à la succession de Clotaire Ier. Notre savant confrère a contesté l'existence de toute relation entre ces deux faits, se fondant sur ce que l'on imitait généralement dans les officines gauloises les produits monétaires sortis des ateliers de Constantinople; que notamment il y avait des monnaies frappées au nom de Justin II, et que celles de Maurice avaient dû être copiées en Gaule comme celles de ses prédécesseurs.

Il m'a paru utile de revenir sur cette question que j'avais, non pas traitée, mais touchée incidemment, et pour la solution de laquelle je suis d'accord avec tous les numismatistes, voire même peut-être avec M. Robert, qui, je le montrerai plus bas, exprimait naguère une opinion tout au moins fort approchante de la mienne.

I

Le monnayage imité des fabriques byzantines fut très abondant en Gaule sous les empereurs Anastase, Justin le Thrace ou Justin Ier et Justinien. Pendant les règnes subséquents il n'en fut plus ainsi, et je ne puis mieux faire que de reproduire ici ce que M. Ch. Lenormant (dont l'autorité est grande en ces matières) a écrit, sur ce sujet, dans sa XIe lettre à M. de Saulcy, relative aux monuments numismatiques les plus anciens de la série mérovingienne :

« Il n'y a véritablement de série régulière que jusqu'à la mort
« de Justinien Ier (an 565). Les Justin II sont, à peu d'excep-
« tions près, tout à fait problématiques. Après Justinien arrivent
« les *Justnianus, Justianus*, noms où se confondent, volontaire-
« ment ou par ignorance de ce qui se passait à Constantinople,
« les noms de Justin et de Justinien. J'ignore si, parmi les Anas-
« tase tout à fait barbares, il s'en trouve qu'on ait renouvelés
« depuis la mort de ce prince, comme le firent les derniers rois
« ostrogoths en Italie. Je signale un *Canastasianiic,* confusion
« curieuse d'Anastase et de Justinien.

« Ces amalgames et déformations eurent lieu depuis la mort
« de Justinien jusqu'aux entreprises de Maurice sur la Gaule
« (565-585). Cela m'est prouvé par la pesée de toutes ces pièces,
« qui, sauf deux parmi les Justinien plus ou moins altérés,
« m'ont offert le poids de 24 grains [1]. »

Déjà le roi d'Austrasie, Théodebert (534-547), avait, sur des sous d'or et des tiers de sou de belle fabrication, substitué hardiment son nom à ceux des souverains de Constantinople. Mais,

[1] *Rev. num.*, 1re série, t. XIX, p. 342.

comme les protestations de la cour byzantine contre les actes accomplis par les rois Francs sur notre territoire eussent été vaines, elle se résigna, et Justinien sanctionna ce qu'il ne pouvait empêcher. C'est ici le lieu de rappeler un passage célèbre de l'*Histoire de la guerre gothique* de Procope, qui avait, comme on sait, vécu à la cour de Justinien. Je le traduis littéralement :

« Dans le commencement de cette guerre, les Goths, per-
« suadés qu'ils ne pourraient résister à la fois aux Romains et
« aux Germains, avaient cédé à ces derniers toute la portion de
« la Gaule qu'ils avaient auparavant soumise. Les Romains furent
« tellement impuissants à s'opposer à cette cession, que l'em-
« pereur Justinien la confirma, de peur d'être inquiété par
« ces Barbares, s'ils concevaient des sentiments hostiles à son
« égard. De leur côté, les Francs ne croyaient pas avoir une pos-
« session certaine et durable si l'empereur n'y donnait expres-
« sément son approbation. Depuis ce temps, les rois des Ger-
« mains ont occupé Marseille, colonie des Phocéens, ainsi que
« toutes les localités riveraines de cette mer, et exercent leur
« domination sur cette mer elle-même. Déjà ils président, dans
« la ville d'Arles, aux jeux du cirque, et frappent, avec l'or de
« la Gaule, des monnaies portant, non l'effigie de l'empereur,
« comme cela est d'usage, mais leur propre effigie. Le roi des
« Perses a coutume de faire fabriquer de la monnaie d'argent,
« mais il n'est permis ni à lui ni à aucun autre roi des Bar-
« bares, quoique maître du métal, de marquer la monnaie d'or
« de son effigie. La monnaie de cette espèce est d'ailleurs exclue
« du commerce des Barbares eux-mêmes. En Gaule, les choses
« s'étaient établies autrement pour ce qui concerne les Francs [1]. »

[1] Γαλλίας μὲν ὅλας τὰς σφίσι κατηκόους κατ'. ἀρχὰς τοῦδε τοῦ πολέμου Γερμανοῖς ἔδοσαν Γότθοι, οὐκ ἂν οἰόμενοι πρὸς ἑκατέρους ἀντιτάξασθαι οἷοί τε εἶναι, ὥσπερ μοι ἐν τοῖς ἔμπροσθε λόγοις ἐρρήθη · ταύτην τε τὴν πρᾶξιν οὐχ ὅπως οὐ διακω-

En dépit des précédents créés par Théodebert, auxquels fait probablement allusion ce passage de Procope, et sans doute à cause de la répugnance des populations gauloises à accepter des monnaies non pourvues de la légende impériale, on frappa encore des espèces imitées des anciennes pièces byzantines; mais « ce n'était plus, suivant la remarque de M. François Le-
« normant, le monnayage régulier de la fin du ve et du com-
« mencement du vi^e siècle, où l'on se montrait si soigneux de
« placer exactement l'effigie et le nom de l'empereur régnant.
« Il y eut bien encore quelques pièces proprement impériales,
« frappées dans des circonstances particulières, » et M. François Lenormant cite en cet endroit une monnaie de Justin Ier et les pièces « que les tentatives de Gondovald et de Syagrius
« permirent, dit-il, de fabriquer à Marseille, Arles et Vienne,
« au nom de Maurice Tibère, et une pièce de Phocas frappée
« à Marseille. » Et il ajoute : « Mais partout ailleurs, la période
« de transition entre le monnayage impérial en principe et le
« monnayage mérovingien proprement dit se marque par l'im-
« mobilisation, sur le droit des espèces d'or, de la légende de

λύειν Ῥωμαῖοι ἔσχον, ἀλλὰ καὶ βασιλεὺς Ἰουστινιανὸς ἐπέρρωσε σφίσι, τοῦ μή τί οἱ ἐναντίωμα τούτων δὴ τῶν Βαρβάρων ἐγκεπεπολεμωμένων ὑπαντιάσαι· οὐ γάρ ποτε ᾤοντο Γαλλίας ξὺν τῷ ἀσφαλεῖ κεκτῆσθαι Φράγγοι, μὴ τοῦ αὐτοκράτορος τὸ ἔργον ἐπισφραγίσαντος τοῦτό γε, καὶ ἀπ' αὐτοῦ οἱ Γερμανῶν ἄρχοντες Μασαλίαν τε τὴν Φωκαέων ἀποικίαν καὶ ξύμπαντα τὰ ἐπιθαλάσσια χωρία ἔσχον, Θαλάσσης τε τῆς ἐκείνῃ ἐκράτησαν, καὶ νῦν κάθηνται μὲν ἐν τῇ Ἀρελάτῳ τὸν ἱππικὸν ἀγῶνα θεώμενοι, νόμισμα δὲ χρυσοῦν ἐκ τῶν ἐν Γάλλοις μετάλλων πεποίηνται, οὐ τοῦ Ῥωμαίων αὐτοκράτορος, ᾗπερ εἴθισ7αι, χαρακτῆρα ἐνθέμενοι τῷ σ7ατῆρι τούτῳ, ἀλλὰ τὴν σφετέραν αὐτῶν εἰκόνα· καίτοι νόμισμα μὲν ἀργυροῦν ὁ Περσῶν βασιλεὺς ᾗ βούλοιτο ποιεῖν, εἴωθε, χαρακτῆρα δὲ ἴδιον ἐμβαλέσθαι σ7ατῆρι χρυσῷ οὔτε τὸν αὐτῶν ἄρχοντα Θέμις οὔτε δὲ ἄλλον ὄντινα οὖν βασιλέα τῶν πάντων Βαρβάρων, καὶ ταῦτα μᾶλλον ὄντα χρυσοῦ κύριον, ἐπεὶ οὐδὲ τοῖς ξυμβάλλουσι προίεσθαι τὸ νόμισμα τοῦτο οἷοί τέ εἰσιν, εἰ καὶ Βαρβάρους τοὺς ξυμβάλλοντας εἶναι ξυμβαίνοι· ταῦτα μὲν οὖν τῇδε Φράγγοις ἐχώρησεν. (*De bello Gothico*, lib. III, cap. XXXIII. *Corpus scriptor. Historiæ byzantinæ.* Bonnæ, in-8°, t. II, p. 416-417.)

« Justinien de plus en plus barbare, altérée, inintelligemment
« copiée¹.... »

Il convient d'insister sur le point de fait relatif à l'émission en Gaule de monnaies impériales entre la mort de Justinien et le règne de Maurice Tibère; car nous touchons là au vif de la question.

Ces deux règnes sont séparés par ceux de Justin le Jeune ou Justin II, et de Tibère Constantin.

On croit connaître deux pièces d'or de Justin II.

L'une est un tiers de sou publié par M. Benjamin Fillon, qui a rendu d'éminents services à la science numismatique, et dont on regrette la perte récente; elle porte :

Au droit, autour de l'effigie impériale, la légende suivante : DN IVSTINVS PF AVC.

Au revers, VICTORIA AVITORVM (pour *Augustorum*), et dans le champ la croix accostée, sous les bras, des initiales de Marseille, MA, et des lettres numérales V-II.

A l'exergue, CONOB².

Nous n'avons pas d'objection à élever contre l'attribution de cette monnaie au règne de Justin II.

Les légendes de la deuxième ont été maintes fois publiées, notamment par Banduri³, par M. Ch. Lenormant⁴, et elle a

---

¹ *Hist. de la monnaie dans l'antiquité*, 1878, t. II, p. 456-457.

² Benjamin Fillon, *Lettres à M. Dugast-Matifeux*, p. 44, pl. I, n° 5. Les marques numérales VII expriment la valeur en siliques déclarée par le fabricant du tiers de sou. Voir notre dissertation relative à *Une formule inscrite sur plusieurs monnaies méro-vingiennes* (*Rev. archéol.*, année 1880, t. II, p. 171-176).

³ *Numismata imperatorum romanorum*, t. II, p. 651. Les légendes de ce triens, qui avaient été éditées avant Banduri par Petau, ont été reproduites après lui par Eckhel.

⁴ *Rev. num.*, 1ʳᵉ série, t. XIX, p. 335.

été intégralement reproduite, en dernier lieu, par M. Anatole de Barthélemy[1]. C'est aussi un triens, sur lequel on voit :

Au droit, une tête de profil, tournée à droite, couronnée, et en légende circulaire, comme dans la précédente pièce : DN IVSTINVS PF AVC.

Au revers, une croix latine potencée, haussée sur trois degrés, non compris une base sur laquelle elle est plantée, et la légende circulaire : GABALOR.

Banduri hésitait, pour la détermination du lieu d'origine, correspondant au mot *Gabalor*, entre deux villes d'Orient, *Gabale* en Syrie ou *Gabalia*, ville de Lydie ou de Pamphylie, située sur la frontière commune de ces deux provinces[2].

Mais M. de Saulcy, dans son *Essai de classification des suites monétaires byzantines*, a signalé le style mérovingien de ce triens, qui ne permet pas de rechercher le lieu d'émission autre part qu'en Gaule, et c'est dès lors dans le pays des *Gabali* (Gévaudan, actuellement département de la Lozère) qu'il faut le placer. Et il est intéressant de consigner ici une réflexion de notre savant et regretté confrère : « Ce triens a, dit-il, une telle analogie
« avec les monnaies mérovingiennes, qu'on serait tenté de re-
« garder la légende de tête comme ayant été mal lue et mal
« comprise[3]. »

Tout d'abord, je dirai, quant à la leçon de la légende du droit de cette dernière pièce, dont l'exactitude a été suspectée par M. de Saulcy, qu'elle semble devoir être mise hors de doute par le premier des deux triens ci-dessus décrits, publié par M. Benjamin Fillon. Il n'en est pas de même de l'époque de sa fabrication. Suivant l'opinion très décidée de M. Ch. Lenormant, « elle ne convenait à aucun des Justin de Byzance,

---

[1] *Revue numismatique*, 2ᵉ série, année 1864.
[2] *Loc. cit.*, note 1.
[3] Pages 23-24.

« pas même à Justin II [1]. » De notre côté, nous sommes disposé à croire qu'il faudrait la faire descendre au viie siècle [2].

En tout cas, le nombre des monnaies gauloises au nom de ce prince, connues jusqu'à ces derniers temps, se réduirait à deux, bien que son règne ait duré treize ans (565-578).

Quant à Tibère Constantin (578-582), il n'existe et, en tout cas, on ne connaît pas encore *une seule monnaie* frappée en son nom sur notre territoire.

Ainsi, après une production des plus actives sous Anastase, Justin Ier et Justinien, il y a cessation presque complète sous le premier successeur de Justinien, et cessation absolue sous le second.

Puis, tout à coup, paraissent ces nombreuses et belles espèces (sous d'or et tiers de sou d'or) au nom de Maurice Tibère, frappées dans diverses cités méridionales, à Marseille, à Arles, à Valence, à Vienne, à Viviers, à Uzès [3].

---

[1] *Rev. numism.*, 1re série, t. XIX, p. 335.

[2] Un examen attentif de ce triens nous porte à présumer qu'il a été frappé avec deux coins, dont l'un, celui du droit, aurait été imité d'une pièce en circulation de Justin Ier, et l'autre aurait été gravé à la fin du vi[e] siècle, et même plus probablement au commencement du viie.

[3] Voici les légendes de quelques-unes de ces nombreuses monnaies :

MARSEILLE.

DN MAVRIC·TIB·PP AVG.

℞ VICTORIA AVCCV. — Dans le champ, MAS et les lettres numérales XXI. — A l'exergue, CONOB. Sou d'or du cabinet des médailles de la Bibliothèque nationale. (*Revue num.*, 1re série, t. XIX, pl. XIII, n° 1.)

DN MAVRI·TIB·PP AVG.

℞ VICTOR·TIBERI·AVG. Dans les plis du paludamentum, MA. A l'exergue, CONOB. Tiers de sou de la collection de M. de Ponton d'Amécourt.

DN·MAVRICIVS PP

℞ VICTORIA AVST... Dans le champ, MA et les lettres numérales VII. A l'exergue, CONOB. Tiers de sou de la collection de M. de Ponton d'Amécourt.

ARLES.

DN·MAVRIC·TIB·PP AVG.

℞ VICTORVIVΛOCVS. Dans le champ, AR et VII. Exergue, CONOB. Tiers de sou. Pièce décrite par Bonamy (*Mém. de l'Acad. des inscrip. et belles-lettres*, 1re série, t. XX, p. 209) et appartenant

Le fait est d'autant plus frappant qu'il est particulier à ces contrées de la Gaule franque. Car, si nous passons des États occupés par les successeurs de Clovis dans le royaume des Wisigoths, nous voyons qu'après l'abondant monnayage des trois règnes précités[1] il y eut cessation de production chez les Wisigoths comme parmi les Francs, et plus complètement encore que chez ces derniers, puisque nous n'y rencontrons pas même un exemplaire de Justin II. En outre, la cessation y fut définitive et sans retour, et l'on y continua de se servir du type immobilisé de Justinien[2], tandis que surgissait, dans le

alors au cabinet de M. de Clèves. Elle est reproduite dans la *Revue numismatique*, 1re série, t. XIX, pl. XIII, n° 5.

VALENCE.

IN·MAVRIVD·PP V
(pour DN MAVRICIVS·PP V).

℞ GAVDOLENVS MONE. Dans le champ, VA. Tiers de sou. *Rev. numism.*, 1re série, t. XIX, p. 319, et pl. XIII, n°s 12 et 13, et dans Combrouse, *Rec. de monét. mérov.*, pl. LIX, n° 3.

VIENNE.

DN·MAVRI ∾ CIVS·PP AV.

℞ VIENNA DE OFFICINA LAV-RENTI. Dans le champ, les lettres A et ω. Tiers de sou. *Rev. num.*, 1re série, t. XIX, pl. XIII, n° 11.

VIVIERS.

DN·MAVR (?) ЄRI·PP AVC.

℞ VITORIA... VVVCCV. Dans le champ, VIVA et les lettres numérales XXI. A l'exergue, CONOB. Sou d'or de la collection de M. de Ponton d'Amécourt.

On peut voir encore d'autres pièces au nom de Maurice Tibère : 1° dans la *Revue numismatique*, 1re série, t. XIX, pl. XIII; 2° dans Combrouse, *Recueil des monétaires mérovingiens*, pl. LIX ; 3° dans l'ouvrage de M. de Ponton d'Amécourt, intitulé *Essai sur la numismatique mérov.*, p. 109. Il y a enfin, au cabinet des médailles de la Bibliothèque nationale, un assez grand nombre de monnaies inédites, frappées en Gaule au nom du même empereur.

[1] Voir le travail de M. Ch. Robert intitulé : *Numismatique de la province de Languedoc*, et qui accompagne la nouvelle édition de l'*Histoire de Languedoc* de D. Vaissète et D. Vic; *Période wisigothe et franque*; tirage à part, 1879. On y trouve la description de trente-trois pièces d'Anastase, de vingt-trois pièces de Justin Ier, et de vingt et une monnaies de Justinien.

[2] Les Wisigoths ont ainsi copié ou imité les monnaies de Constantinople jusqu'au jour où leurs rois, Léovigilde ou Leuvigilde en tête, ont inscrit leur nom en légende circulaire, avec celui de l'atelier ou celui de l'Empereur au revers. (Ch. Robert, *Ubi supra*, p. 28.)

sud-est de la Gaule, cette fabrication extraordinaire au nom de l'empereur Maurice.

Mais ce qui achève de caractériser cette fabrication, c'est qu'elle est suivie, comme elle est précédée, d'une période négative : après Maurice, on ne trouve plus qu'une seule pièce au nom de l'empereur Phocas (602-606) et une seule au nom d'Heraclius (606-610).

II

C'est, ainsi que je l'ai dit dans mon mémoire sur la transformation du C guttural, un membre de l'ancienne Académie des inscriptions et belles-lettres qui a, le premier[1], rapproché ce fait du seul événement contemporain du règne de Maurice, qui soit de nature à en faire comprendre le caractère et la portée : savoir, l'expédition de Gondovald, avec l'aide de la cour de Constantinople, où ce prétendant s'était réfugié. Cette expédition réussit, pendant un temps[2], dans le sud-est et le midi de la Gaule, grâce aux sympathies d'une grande partie des populations et de leurs évêques, à la connivence et au concours actif de puissants personnages, tels que le célèbre patrice Mummole, les ducs Didier et Bladaste; de telle façon que, quelques mois après son second débarquement, en 584, Gondovald faisait acte de souveraineté en recevant le serment de fidélité des

---

[1] *Mém. de l'Acad. des inscript. et belles-lettres*, 1re série, t. XIX, p. 188 et suiv. Un membre de cette académie, fort peu connu d'ailleurs, Lévesque de Laravalière, éleva quelques objections, que Bonamy réfuta dans une note supplémentaire, à la suite de laquelle Fréret, l'illustre secrétaire perpétuel, consigna des observations chronologiques intéressantes sur le commencement du règne de Maurice Tibère et l'époque de l'expédition de Gondovald en Gaule. (*Mém. de l'Acad.*, t. XXI, p. 93 et suiv.)

[2] Durant la seconde moitié de l'année 584 et les premiers mois de l'année 585.

populations, en installant des officiers et remplaçant des prélats dans leurs sièges épiscopaux.

Quant à la nature de l'aide qui fut alors prêtée à Gondovald par la cour byzantine, Bonamy et, après lui, MM. Charles Lenormant[1] et François Lenormant[2] ont eu le tort de poser en fait que des vaisseaux, des troupes et des armes avaient été fournis par elle au prétendant. Il n'existe, à notre connaissance, et, en tout cas, il n'a été articulé ni preuve ni commencement de preuve de ce fait, et nous ne croyons point, quant à nous, qu'on soit autorisé à l'affirmer; mais, ce qui ressort clairement des circonstances et des textes que nous allons mettre sous les yeux du lecteur, c'est que tout au moins Maurice Tibère patronna l'expédition et la facilita par des subsides, en vue de ressaisir, avec le concours du prétendant, sa suzeraineté sur la Gaule.

Je rappellerai, en premier lieu, que Gondovald, suivant ses propres expressions[3] rapportées par Grégoire de Tours, avait été accueilli par les empereurs de Constantinople avec une très grande bienveillance, *benignissime*, et avait vécu auprès d'eux pendant quatorze années consécutives (569 à 583).

Quel intérêt si grand devait inspirer aux princes qui régnaient à Byzance un fils naturel ou prétendu tel du roi Clotaire, si ce n'était le parti que leur politique pouvait en tirer?

Lorsque Gontran Boson vint l'engager, au nom des chefs austrasiens, à faire valoir ses droits à la couronne, le prétendant lui donna de nombreux présents, *datis ei multis muneribus*[4]. Peu

---

[1] XIe lettre à M. de Saulcy sur les plus anciens monuments de la série mérovingienne, dans la *Revue numismatique*, 1re série, t. XIX, p. 306-309.

[2] *Histoire de la monnaie dans l'antiquité*, t. II, p. 456.

[3] « Constantinopolim abii. Ab imperatoribus vero susceptus benignissime, usque ad hoc tempus vixi. » (*Historia ecclesiastica Francorum*, VII, xxxvi, édition de Guadet et Taranne, t. II, p. 53.)

[4] *Ibid.*, p. 54.

après son débarquement, ce même Gontran Boson lui déroba ses trésors : *thesauros meos abstulit* [1]; autre part, Gondovald parle encore de ces trésors, composés d'une quantité immense d'or, d'argent et d'objets précieux : « Thesaurorum meorum, in « quibus immensum pondus argenti continetur et auri ac di- « versarum specierum, aliquid in Avennica urbe retinetur, ali- « quid Guntchramnus Boso diripuit [2]. » Quand Gondovald vint de Constantinople à Marseille, il dut affréter un ou plusieurs navires, faire les dépenses considérables d'une expédition lointaine, salarier les gens de sa suite, s'assurer à prix d'argent du concours d'hommes de tout rang.

Or les ressources nécessaires pour couvrir ces frais et pour subvenir à ces largesses, ces trésors immenses, d'où lui venaient-ils ? — Ce n'est point du patrimoine royal; car Gondovald fut toujours désavoué par Clotaire, et vécut longtemps ou séquestré ou fugitif. Ce n'est point de son industrie de peintre; car, en Gaule, dans sa jeunesse, il gagnait péniblement sa vie à décorer de peintures les murs des oratoires et l'intérieur des habitations [3]; et, dans ce temps, les artistes n'acquéraient pas, comme de nos jours, de belles fortunes à l'exercice de leur profession. Quelle était donc la source des richesses de Gondovald et des sommes très considérables qu'il dut consacrer à la préparation et à l'accomplissement de son entreprise? Nous n'en voyons pas d'autre que les abondants subsides qu'il dut recevoir de la cour de Byzance. Et ces subsides, peut-on croire que l'empereur les fournit sans en espérer un profit pour sa politique ?

Une autre preuve résulte de ce fait, que Maurice Tibère,

---

[1] Greg. T., *Hist.*, VII, xxxvi, t. II, p. 54.
[2] *Id. ibid.*, VII, xxxviii, t. II, p. 57.
[3] « Tunc es pictor ille, qui, tempore « Chlothacharii regis, per oratoria parietes « atque cameras caraxabas ? » (*Ibid.*, VII, xxxvi, p. 52.)

en qui l'histoire nous montre un prince énergique, avisé et soucieux, à la différence de ses deux prédécesseurs, de relever la force et le prestige du nom romain, renouvela, peu après l'échec de l'expédition de Gondovald, la tentative dont celui-ci avait été l'instrument malheureux. En effet, le prétendant succombait en 585, et, dès 587, l'empereur byzantin, faisant entrer dans ses vues le comte franc Syagrius, ambassadeur du roi Gontran à Constantinople, le nommait patrice des Gaules et l'envoyait en Occident pour qu'il y exerçât cet office en son nom [1].

Cet acte, que Frédégaire rapporte et qualifie de frauduleux, n'eut pas de suite : cette nouvelle entreprise avorta, mais elle n'en est pas moins acquise à l'histoire; elle atteste les efforts persistants de la cour impériale pour le rétablissement de son pouvoir en Gaule. Il est clair que la politique qui, en 587, se servait de Syagrius, est la même que celle qui subventionnait Gondovald en 583.

Les contemporains ne s'y sont d'ailleurs pas trompés. Grégoire de Tours, qui fut le témoin de ces événements et leur a consacré une grande place dans son *Histoire des Francs*, raconte que Gondovald avait été accueilli, à son débarquement à Marseille, par l'évêque Théodore, et que plus tard, le duc Gontran Boson ayant fait saisir et emprisonner le prélat, lui reprochait d'avoir « introduit dans les Gaules un étranger, et « d'avoir voulu *assujettir par là le royaume des Francs à la souve-* « *raineté impériale.* » « Reputans cur hominem extraneum intro-

---

[1] « Anno xxxii, ejusdem regis (Gunt- « chramni)...................
« Ipsoque anno, Syagrius comes, Constan- « tinopolim, jussu Guntchramni in lega- « tione pergit; ibique *fraude patricius or-* « *dinatur.* Cœpta quidem est, sed ad perfec- « tionem hæc fraus non peraccessit. » (Fredeg. Scholastic., *Chronic.*, cap. vi. Dans Bouquet, *Historiens de France*, tome II, p. 418.)

« misisset in Gallias, voluissetque *Francorum regnum imperialibus*
« *per hæc subdere ditionibus*[1]. »

Ces paroles traduisaient assurément l'opinion commune des acteurs et des témoins de ce drame étrange.

De ces circonstances et de ces textes réunis ressort le véritable caractère de l'entreprise de Gondovald, sa véritable signification, qui est celle d'un essai de restauration de la suzeraineté impériale en Gaule.

On sait le respect, ou plus exactement le culte superstitieux que la législation et un long usage avaient inculqué aux populations romaines pour les monnaies revêtues de l'effigie impériale; le prestige en avait survécu aux invasions et à l'établissement des dynasties barbares.

Depuis près de vingt ans, pendant les règnes de Justin II et de Tibère Constantin, princes sans valeur, sans énergie, esclaves de leurs passions, abandonnant le gouvernement aux mains des courtisans, on avait cessé de frapper en Gaule des espèces *à la légende de l'empereur régnant*. Ne pouvant pas faire violence à la répugnance que manifestaient les populations pour des monnaies avec légendes de rois barbares, et ne voulant pas, d'un autre côté, renoncer au bénéfice de la prise de possession de Théodebert et à la concession de Justinien, on battait monnaie avec les légendes *immobilisées* d'empereurs défunts, légendes dégradées, souvent presque illisibles et dépourvues de sens.

Après le débarquement de Gondovald, au fur et à mesure de l'occupation des cités de la vallée du Rhône, sous la double influence d'une réaction populaire en faveur du principe de la souveraineté impériale et d'un prétendant protégé de l'empe-

---

[1] Greg. Tur., *Hist. eccl. Fr.*, VI, xxiv, édition Guadet et Taranne, t. I, p. 417.

reur régnant à Constantinople, on dut frapper au nom de ce souverain, c'est-à-dire de Maurice, les belles pièces marquées du vocable ou des initiales du vocable de chacune de ces cités.

Ainsi se justifie cette reprise du monnayage impérial en Gaule.

Et cette opinion a été adoptée, après Bonamy, par M. de Saulcy, dans son *Essai de classification des suites monétaires byzantines*[1]; par M. Eugène Cartier[2]; par M. Ch. Lenormant, dans sa XIe lettre à M. de Saulcy sur les plus anciens monuments numismatiques de la série mérovingienne[3], et par M. François Lenormant, dans son *Histoire de la monnaie dans l'antiquité*[4].

III

Cet avis, comme je l'annonçais au commencement de ce mémoire, a, nous paraît-il, reçu également l'adhésion de M. Ch. Robert lui-même, dans sa *Numismatique de la province de Languedoc*, où notre savant confrère, s'il ne s'est pas exprimé en termes aussi explicites que les autres numismatistes, s'en rapproche très sensiblement.

J'y lis, en effet, que les pièces du roi wisigoth Reccarède (586-601) portent la croix byzantine, montée, non plus sur des degrés, mais sur un globe. « C'est tout à fait, ajoute l'auteur, le type inauguré par Tibère Constantin, et qui s'introduisit, sous Maurice Tibère, en Gaule, à Marseille, à Arles, à Viviers, *sans doute à l'époque de l'expédition du duc Gondovald ou Gondulf,* appelé par les princes austrasiens contre les Burgondions[5]. »

---

[1] P. 36-37.
[2] *Rev. num.*, 1re série, t. IV, p. 425.
[3] *Ibid.*, 1re série, t. XIX, p. 306-309.
[4] T. II, p. 456.

[5] *Numismat. de la province de Languedoc, Période wisigothe et franque*, tirage à part de la nouvelle édition de l'*Histoire de Languedoc*, 1879, p. 31.

Avant de parler de ce qui, dans le passage cité, touche directement à notre sujet, nous avons à faire quelques remarques sur des points accessoires.

Gondovald n'était point duc; il n'avait aucun titre; il se disait et paraît avoir été un fils naturel de Clotaire Ier, et, en cette qualité, il prétendait à sa succession. Grégoire de Tours nous apprend que les Gaulois le désignaient le plus souvent par le surnom de *Ballomer*[1].

Il n'est appelé nulle part *Gondulf*: notre confrère aura peut-être fait confusion entre le prétendant et un duc de ce nom, qui était au service du roi Childebert, et força Gontran Boson à lever le siège qu'il avait mis devant Avignon, où Mummole était enfermé avec Gondovald[2].

Relativement à la création, dans les ateliers monétaires de Constantinople, du type au globe crucigère dans le champ du revers, que M. Robert fait dater du règne de Tibère Constantin[3], elle remonte plus haut, ainsi que notre confrère l'a justement dit au cours de ses observations sur mon mémoire, et comme je l'ai moi-même reconnu dans ma réponse verbale[4].

J'arrive à la date de l'emploi de ce type en Gaule : M. Robert l'a considérée comme devant être rapportée au règne de Maurice, et « sans doute à l'époque de l'expédition de Gondovald; » or, le règne de Maurice embrassant vingt années, et la tenta-

---

[1] « Tunc es ille quem *Ballomerem* no-mine sæpius Galliarum incolæ vocitabant ? » (VII, xxxvi.)

[2] Grég. Tur., VI, xxvi.

[3] Cette indication de notre confrère se trouve reproduite page 36 de l'ouvrage précité.

[4] Elle remonte même beaucoup plus haut que ne le pense M. Robert, qui, dans les observations susmentionnées, la dit contemporaine de Justin II (565 à 578). On en connaît des exemples, non seulement sous Justinien (527-565), mais sous Justin Ier (518-527). Pour ce dernier règne, je signalerai notamment, dans Sabatier. *Iconographie de 5,000 médailles romaines, byzantines et celtibériennes*, la planche III, n° 31, et, pour le règne de Justinien, Banduri, *Numismat. imperat. romanor.*, Suppl., p. 384.

tive de Gondovald n'ayant duré que deux ans et demi, ou près de trois ans, il me semble qu'en plaçant la fabrication des espèces dont il s'agit à cette courte période, de préférence à telle autre, M. Robert a manifesté l'intention de marquer la relation de l'effet à la cause, surtout si l'on songe que, jusque-là, tel avait été le sentiment unanime des archéologues, et que, dans l'hypothèse contraire, le rapprochement des deux faits n'aurait aucun sens.

A la vérité, d'après des communications verbales que j'ai reçues de mon savant contradicteur, il aurait eu, depuis, connaissance de tiers de sou du musée de Marseille, que le conservateur de cet établissement croit pouvoir, d'après *le faire* de ces monnaies, attribuer à Justin II.

Je n'ai pas eu sous les yeux ces nouvelles médailles, et je ne suis pas en mesure d'en apprécier l'origine et la date. Mais, en l'absence de *différents* ou marques d'atelier, je ne puis m'empêcher de regarder une telle attribution comme bien hasardée et offrant une base trop peu solide pour y fonder une opinion rationnelle sur la question qui nous occupe.

Je rappellerai, à ce propos, que M. de Saulcy, qui avait fait une étude spéciale de la série byzantine, n'admettait guère comme appartenant à Justin le Jeune que les monnaies portant son surnom de *Junior*[1]. Il était, en cela, d'un scepticisme exagéré. J'ai pourtant constaté plus haut que ses doutes à l'égard du triens à la légende *Gabalorum* étaient bien fondés, sinon pour la légende du droit, du moins pour l'ensemble de la pièce. M. Robert sait fort bien, d'ailleurs, que l'on court grand risque de se méprendre en détachant, pour les faire descendre à Justin II, des pièces du monnayage de Justin Ier, si

---

[1] *Essai de classification des suites monétaires byzantines*, p. 23-24.

abondant dans les États des rois francs et dans ceux des rois wisigoths.

Mais, alors même que les deux ou trois pièces dont il s'agit pourraient être attribuées, avec plus ou moins de vraisemblance, au règne de Justin II, et qu'en outre leur provenance gauloise serait regardée comme également vraisemblable, cela ne changerait guère les termes de la question quant au règne de Justin II; et, en tout cas, celui de Tibère Constantin resterait encore entièrement privé de monnayage en Gaule. Nous serions donc toujours en présence du frappant contraste qui existe, au point de vue monétaire, entre les règnes des deux successeurs de Justinien et celui de Maurice Tibère. Ce contraste appelle une explication; et cette explication se trouve, simple et logique, dans la tentative du prétendant qui avait été si longtemps l'hôte de la cour de Constantinople et qui se présentait aux populations gauloises sous les auspices et avec le patronage de l'empereur byzantin.

DEUXIÈME MÉMOIRE

SUR

LE MONNAYAGE EN GAULE

AU NOM

DE L'EMPEREUR MAURICE TIBÈRE.

Dans un savant travail, communiqué récemment à l'Académie[1], M. Ch. Robert a combattu les conclusions de mon mémoire *sur le monnayage en Gaule au nom de l'empereur Maurice*, en ce qui touche les questions suivantes :

1° Maurice a-t-il patronné l'entreprise de Gondovald et y a-t-il concouru par des subsides?

2° Le prétendant et ses partisans ont-ils occupé les cités riveraines du Rhône où ont été frappées les monnaies gauloises au nom de cet empereur?

3° Y a-t-il eu interruption du monnayage en Gaule au nom de l'empereur régnant à Constantinople, interruption partielle sous Justin II, complète sous Tibère Constantin? Y a-t-il eu reprise de ce monnayage sous Maurice?

[1] *Sur la prétendue restauration du pouvoir de Maurice Tibère dans la Province et sur les monnaies qui en seraient la preuve.*

I

J'avais fait observer, dans le sens de l'affirmative sur le premier point : 1° que les ressources nécessaires pour l'expédition, et surtout les *trésors immenses* que Gondovald avait apportés de Constantinople en Gaule, ne pouvaient provenir que de subsides de la cour byzantine, où il avait été accueilli avec une très grande bienveillance, *benignissime;* 2° que ce fait était historiquement d'autant plus admissible, que, deux ans après l'échec de Gondovald, Maurice avait renouvelé, sous une autre forme, la tentative de rétablissement de la suzeraineté impériale, par l'élévation de Syagrius au patriciat des Gaules; 3° que les contemporains et Gondovald lui-même avaient attribué ce caractère à son expédition.

1° Au premier de ces arguments, M. Robert objecte que l'accueil bienveillant qui lui aurait été fait à Constantinople n'est attesté que par Gondovald lui-même; que l'expédition a pu être peu coûteuse; que d'ailleurs tous les grands avaient, à cette époque, un trésor; qu'enfin le prétendant avait peut-être reçu des libéralités de ses oncles, frères de Clotaire Ier.

Si l'on a suspecté l'exactitude des énonciations attribuées à Gondovald dans une partie des récits de Grégoire de Tours[1], cette suspicion ne saurait s'étendre à un fait qui n'est contredit par aucun témoignage ni par aucun document historique, et que rend d'ailleurs très vraisemblable l'hospitalité que Gondovald reçut des empereurs byzantins pendant quatorze années consécutives[2].

---

[1] M. G. Monod, *Études critiques sur les sources de l'histoire mérovingienne*. Bibl. de l'École pratique des hautes études, 8ᵉ fascicule, p. 117, note 5.

[2] Il importe de faire observer que Grégoire de Tours, loin de tenir en suspicion la sincérité de Gondovald, lui paraît au contraire sympathique, ainsi d'ailleurs que

Relativement aux frais de l'entreprise, on acceptera difficilement, je crois, qu'une expédition de cette sorte, à la distance et à l'époque dont il s'agit, se soit effectuée sans une dépense considérable.

Quant aux énormes richesses dont il faut, en tout cas, expliquer l'existence aux mains de l'ancien peintre décorateur, les grands de ce temps-là, comme ceux de tous les temps, n'avaient de trésor que lorsqu'il leur était échu en patrimoine ou qu'ils avaient eu l'occasion et le moyen d'en acquérir. C'est ce qu'on ne trouve dans aucune des phases de la vie dure et agitée de Gondovald. De patrimoine, il n'en eut point : désavoué et rebuté par son père naturel Clotaire Ier, il fut, à la prière de sa mère, recueilli par son oncle Childebert; mais il fut bientôt réclamé par Clotaire, à qui il fut livré et qui lui fit raser les cheveux. Quelque temps après, il trouva asile auprès de Charibert, fils aîné de Clotaire. Un autre fils de ce prince, Sigebert, s'étant emparé de lui, le fit tonsurer et le relégua à Cologne. Gondovald s'échappa de cette ville et se réfugia dans le nord de l'Italie et de là à Constantinople [1]. Le malheureux jeune homme (et ce fut plus tard un sujet de railleries de la part de ses ennemis) avait péniblement gagné sa vie à faire des peintures décoratives [2].

On voit qu'il n'y a rien là de nature à expliquer la possession de ces *immenses trésors* dont parle Grégoire de Tours. On

---

la plupart des représentants de l'Église. C'est bien lui qui met dans la bouche de l'infortuné les mots touchants qu'il prononça au moment où il se vit livré par Mummole à ses ennemis : « Juge éternel, « véritable vengeur des innocents, Dieu de « qui procède toute justice, à qui le men- « songe déplaît, en qui ne réside aucune « ruse ni aucune méchanceté, je te confie « ma cause, en te priant de me venger « promptement de ceux qui m'ont livré, « moi innocent, aux mains de mes enne- « mis. » (Greg. Tur., *Histor. eccl. Francor.*, VII, xxxviii.)

[1] *Ibid.*, VI, xxiv.
[2] *Ibid.*, VII, x.

ne peut non plus soutenir que le prétendant eût reçu des dons des chefs austrasiens dont Gontran Boson lui portait la promesse de concours. Loin de là : c'est lui qui fit de riches présents à ce triste et odieux personnage [1].

2° Au sujet de l'élévation du comte Syagrius au patriciat, M. Robert nous oppose que cette dignité avait alors peu ou point d'importance.

Le rôle considérable tenu, à cette époque, par le célèbre patrice Mummole, est là pour prouver le contraire. Je ne saurais d'ailleurs m'empêcher de penser que l'annaliste Frédégaire, qui écrivait à une époque encore peu éloignée de la date des événements, et qui a qualifié cet acte de tentative *frauduleuse*[2], était mieux placé que ne le sont les modernes pour apprécier la portée qu'on y attachait et qu'on devait lui attribuer.

Cette collation du patriciat, c'est-à-dire de la première dignité et de la plus haute fonction dans les Gaules, M. Robert ne croit pas qu'on puisse en induire une tentative de la part de la cour de Byzance. Et pourtant il est bien difficile de ne pas voir dans cet acte la négation de l'indépendance des rois francs et l'affirmation de la suzeraineté impériale.

« Dans tous les cas, conclut notre savant confrère, s'il y a eu « tendance, il n'y a pas eu effet. »

Mais nous ne disons pas autre chose. A l'encontre de M. Ch. Lenormant, nous avons nié, dans notre mémoire *sur le C guttural*, l'existence d'un mouvement sérieux, si même il s'en produisit aucun, sous l'impulsion de Syagrius. Il n'y a donc pas eu d'*effet;* mais la *tendance* de la cour impériale à ressaisir son

---

[1] *Loc. cit.*, VI, xxiv; VII, xxxvi.

[2] « Cœpta quidem est, sed ad perfec- « tionem hæc *fraus* non peraccessit. » Fredegarii Scholastici *Chronicon*, cap. vi; dans Bouquet, *Historiens de France*, t. II, p. 418.

pouvoir sur la Gaule se manifeste ici, et, venant deux ans après la tentative de Gondovald, elle en fait voir les mobiles et contribue à lui imprimer son véritable caractère [1].

3° Tout en reconnaissant la gravité du témoignage de Gontran Boson, qui reprochait à l'évêque de Marseille d'avoir voulu, en favorisant le prétendant, remettre le royaume des Francs sous la domination impériale [2], mon contradicteur, afin d'en atténuer l'importance, suppose que Gontran Boson tenait ce langage pour se disculper de toute connivence personnelle en rendant Gondovald plus odieux.

On n'aperçoit vraiment pas comment ce personnage se serait ainsi justifié mieux qu'il ne l'aurait fait en se bornant à accuser le prélat d'avoir compromis la sécurité du trône de son maître par l'accueil trop bienveillant dont le prétendant avait été l'objet de sa part. Il importait fort peu, au point de vue de sa justification, que celui-ci fût plus ou moins odieux. En réalité, l'imputation relative aux projets de restauration du pouvoir impérial était sans utilité pour lui, et, s'il l'a énoncée, c'est qu'elle répondait à une préoccupation du roi et à une idée répandue dans le public.

---

[1] A ce propos, parlant du triens de Vienne au nom de Maurice Tibère, dont je m'étais occupé dans mon mémoire précité *sur le C guttural*, et où se lit le vocable impérial ainsi gravé : MAV-RI∾ CIVS, M. Robert a exprimé la pensée qu'au lieu d'un S couché, on pouvait y voir un trait composé d'une double courbure en sens inverse. J'ai examiné, à plusieurs reprises, au Cabinet des médailles, la légende du droit de cette monnaie, qui est dans un bel état de conservation, et j'ai constaté que la lettre S couchée y apparaît très distincte. Pour mettre d'ailleurs le lecteur à même d'en juger, nous reproduisons la remarquable pièce dont il s'agit, dessinée par M. Dardel avec le plus grand soin.

[2] Greg. Tur., VI, xxiv.

Le témoignage de Gontran Boson n'est d'ailleurs pas isolé; nous en trouvons un second, encore plus décisif, dans un autre passage de Grégoire de Tours. Palladius, évêque de Saintes, qui avait, comme plusieurs de ses collègues, pris parti pour Gondovald, procéda, sur l'ordre du prétendant et en vertu d'une délégation de l'archevêque de Bordeaux Bertchramnus, au sacre de Nicetius comme évêque de Dax. Après l'échec et la mort de Gondovald, il fut, ainsi que divers prélats, traduit devant le concile réuni à Mâcon par le roi Gontran, à raison de sa participation à l'entreprise du fils naturel de Clotaire Ier. Et là, Palladius répondait à l'accusation en disant: « Je n'ai pu faire autrement que d'obéir aux ordres de « celui qui se *déclarait hautement pourvu de tout le principat des* « *Gaules.* » — « Non potui aliud facere nisi quæ ille qui *omnem* « *principatum Galliarum se testabatur accipere,* imperabat[1]. »

Gondovald agissait donc, on le voit, non pas seulement comme ayant droit à l'héritage de Clotaire, mais comme pourvu de tout le principat, c'est-à-dire du gouvernement général des Gaules. Or, ce principat, ce gouvernement général, de qui pouvait-il le tenir, ou tout au moins pouvait-il affirmer qu'il le tenait, si ce n'est d'une puissance supérieure aux trois descendants de Clovis qui régnaient en Gaule? Et cette puissance supérieure, quelle était-elle, je le demande, sinon l'empereur de Constantinople[2]?

---

[1] VIII, II, cf. VII, xxvi.

[2] Les historiens modernes sont unanimes à reconnaître que la cour de Constantinople donna à Gondovald son patronage et son appui; M. Robert croit pouvoir en excepter M. Henri Martin : « mieux éclairé, dit-il, « il se garde bien de la faire intervenir dans « l'entreprise. » L'éminent auteur de l'*Histoire de France* parle pourtant, à la page 115 du tome II, de « l'*exilé* (Gondovald), encou- « ragé par la politique byzantine », et quelques lignes plus loin, *des riches dons que la cour de Byzance lui aurait faits.* Il faut donc ajouter le nom de notre savant et éloquent confrère à ceux de Fauriel et de Sismondi, pour ne citer que les modernes.

II

Sur la deuxième des questions posées en tête de la présente discussion, M. Robert soutient que Gondovald ne fut point reconnu dans la Province, qu'il n'y fit même, suivant toute apparence, aucune tentative, et s'y présenta comme simple particulier; qu'il ne put donc faire frapper monnaie dans les cités gauloises dont les noms ou les initiales figurent sur des pièces de Maurice et qui sont presque toutes dans la vallée du Rhône.

Je répondrai successivement au sujet de chacune des cinq villes suivantes de la contrée rhodanienne : Marseille, Avignon, Arles, Valence et Vienne.

Marseille. — D'après le récit de Grégoire de Tours déjà cité, Gondovald, à son débarquement à Marseille, fut reçu par l'évêque Théodore : « Massiliam adpulsus, a Theodoro episcopo « susceptus est [1]. » Et le prétendant lui-même racontait plus tard l'accueil très bienveillant du prélat : « Veni enim Massiliam; « ibique me episcopus summa benignitate suscepit [2]. »

Théodore fut persécuté, incarcéré, et accusé, ainsi que nous l'avons dit plus haut, d'avoir voulu replacer la Gaule sous la suzeraineté de l'empereur de Constantinople [3].

A la vérité, quand il fut, en 588, traduit au concile de Mâcon, il n'eut point à subir de condamnation, comme plusieurs de ses collègues, et il rentra dans sa cité épiscopale, où il était, paraît-il, très populaire [4]. Mais le fait de son adhésion au parti du prétendant n'en reste pas moins avéré.

---

[1] VI, xxiv.

[2] VII, xxxvi. Et Grégoire ajoute que l'évêque avait des instructions écrites des principaux seigneurs d'Austrasie.

[3] VI, xxiv.

[4] Greg. Tur., VIII, xx. M. Robert tire un argument de ce fait que l'évêque Théodore n'eut à subir aucune peine, non plus que

Avignon. — Ici également les énonciations de notre historien sont formelles : « ...Mummolo duci conjunctus est (Gun-« dovaldus) in civitate Avennica[1]. » Et Gondovald disait plus « tard : Avenionem accessi juxta placita patricii Mummoli[2]. »

Gontran Boson, répondant aux reproches irrités du roi de Bourgogne touchant sa connivence avec le prétendant, lui dit : « Ton duc Mummole lui-même a reçu Gondovald et l'a gardé « auprès de lui à Avignon », — « Mummolus, dux tuus, ipse sus-« cepit eum et in Avenione secum retinuit[3]; » et plus loin, après avoir offert au roi de saisir Mummole et de le lui amener, il donne son jeune fils en otage : « Et nisi Mummolum

tous les autres prélats de Bourgogne. Mais, d'une part, Frédégaire, ainsi qu'il le rappelle lui-même, dit expressément que deux évêques de ce royaume avaient adhéré à la cause du prétendant. D'autre part, et relativement à Théodore, l'absence de condamnation par le concile n'était pas conforme aux idées et aux désirs du roi Gontran, car le chapitre consacré par Grégoire de Tours à ce concile se termine ainsi : « His « autem diebus Guntchramnus rex graviter « ægrotavit, ita ut putaretur a quibusdam « non posse prorsus evadere. Quod, credo, « providentia Dei fecisset. Cogitabat enim « multos episcoporum exsilio detrudere. » Et c'est immédiatement après cette révélation des intentions royales, que Grégoire fait connaître que l'évêque Théodore rentra à Marseille « favente omni populo. » Ce prélat était fort probablement un de ceux que Gontran voulait envoyer en exil. Il le tenait, en effet, depuis longtemps pour un ennemi, comme il est dit dans un chapitre précédent, où le roi s'écrie : « Tru-« datur exsilio inimicus regni nostri, ne nobis « nocere amplius valeat. » (VI, xi.) Mais Théodore était aimé des habitants de la ville de Marseille, que Gontran occupait et dont son neveu Childebert réclamait la moitié par lui cédée à son oncle après la mort de son père et qu'il entendait reprendre. Conduit en présence de Gontran, il ne fut pas alors jugé coupable des méfaits dont l'accusait Dynamius, gouverneur de la Province, « rector Pro-« vinciæ, » et il fut autorisé à retourner dans sa ville, où il fut reçu avec grand honneur, « cum grandi est a civibus laude « susceptus. » (Ibid.) Et Grégoire de Tours ajoute : « Ex hoc autem gravis inimicitia « inter Guntchramnum regem et Childe-« bertum nepotem suum exoritur. » (Ibid.) Tout cela explique à la fois les ménagements intéressés de Gontran malgré ses défiances à l'égard de l'évêque, et les sentiments hostiles que celui-ci nourrissait à son égard et qui l'inclinaient naturellement à favoriser le prétendant Gondovald.

[1] VI, xxiv.
[2] VII, xxxvi.
[3] VI, xxvi.

« adducam tibi, perdam parvulum meum [1]. » Ce personnage lève une armée et va assiéger, mais sans succès, le patrice dans Avignon. Sur ces entrefaites, le duc Gondulfe, envoyé par le roi Childebert au secours de Mummole, le dégage et va avec lui en Auvergne, d'où celui-ci retourne, peu de jours après, à Avignon [2]. Il y était encore avec Gondovald, lorsque le duc Didier, qui commandait à Toulouse, vint en toute hâte l'y rejoindre: « Ipse vero ad Mummolum properavit. Morabatur « tunc Mummolus infra muros *Avenionis urbis, cum Gundovaldo*[3]. »

Ces textes sont concluants et me dispensent d'insister davantage sur ce point.

Arles. — Il suffit de jeter un regard sur la carte des régions du sud-est de la Gaule, pour reconnaître que le parti qui tenait Marseille et Avignon devait tenir aussi la ville d'Arles, située sur le Rhône, entre ces deux cités, et à faible distance de l'une et de l'autre.

Valence et Vienne. — Ces deux villes sont, comme on le sait, en amont d'Avignon, dans la vallée du Rhône. Grégoire de Tours, sans aucune indication d'étape intermédiaire, transporte Gondovald et ses adhérents, des bords de ce fleuve à une grande distance dans le Limousin, où le prétendant fut élevé sur le pavois [4].

Nous avons à rechercher la route qu'ils durent suivre pour parvenir dans cette province.

Si l'on consulte la carte générale des anciens itinéraires, planche IV de l'Atlas qui accompagne l'ouvrage de Walckenaër sur la Géographie ancienne des Gaules, et la *carte de*

[1] VI, xxvi.
[2] *Ibid.*
[3] VII, x.
[4] VII, x et xiv.

redressement, jointe à l'édition de la *Table* de Peutinger de notre confrère M. E. Desjardins, on constate que deux voies se présentaient. L'une, de beaucoup la plus longue, descendant d'abord au sud, remontait ensuite vers le centre et se dirigeait vers *Augustoritum*, Limoges (*Ausrito* des Itinéraires), par *Vesunna*, Périgueux. Or nous savons avec certitude, par les récits de Grégoire de Tours, que Gondovald ne se rendit à Périgueux qu'après son passage en Limousin[1]. Ce n'est donc pas cette ligne qu'il suivit pour aller dans ce pays.

La seconde voie, beaucoup plus courte, est celle qui, de Feurs (*Foro Segusiavorum*), conduisait à *Acitodunum*, Ahun, en Limousin, et à *Augustoritum*, Limoges, par *Augustonemetum*, Clermont-Ferrand. Il convient de rappeler ici qu'après avoir, sur l'ordre de Childebert, forcé Gontran Boson à lever le siège d'Avignon, le duc Gondulfe avait amené avec lui Mummole en Auvergne, d'où celui-ci, après un court séjour, était retourné à Avignon[2]. Quand le patrice alla en Limousin avec Gondovald et ses autres partisans, il est grandement à présumer qu'ils passèrent par ce même pays d'Auvergne, qui appartenait à Childebert, alors ennemi du roi Gontran, où ils savaient trouver des facilités, voire même des ressources de toutes sortes, et où Mummole avait sans doute tout préparé dans cette intention.

La ligne de Feurs à Limoges n'est séparée, à Feurs, de la vallée du Rhône, que par l'arête des Cévennes qui borde la droite du fleuve. Pour rejoindre le point de départ de cette

---

[1] Greg. Tur., *Histor. ecclesiast. Francorum*, VII, xxvi. C'est également après son passage en Limousin que Gondovald se rendit à Toulouse, qui n'ouvrit ses portes qu'en cédant aux menaces d'une forte armée. (VII, x, xxvi et xxvii.)

[2] « Qui, amota obsidione, Mummolum « Arvenis adduxit: sed post paucos dies « Avenionem regressus est. » (Greg. Tur., *Historia ecclesiast. Francorum*, VI, xxvi.)

ligne, Gondovald et ses adhérents durent passer par Valence et Vienne.

Et ce qui rend le fait encore plus probable, c'est qu'à Vienne s'arrête le monnayage au nom de Maurice Tibère, et qu'on n'en *connaît pas un seul produit* dans les autres villes du royaume de Bourgogne, telles que Lyon, Mâcon, Autun, Chalon-sur-Saône, Dijon et Besançon, qui eurent pourtant de bonne heure des ateliers monétaires fort actifs.

D'après cela, non seulement Gondovald occupa Marseille, Arles et Avignon, mais, suivant toutes les vraisemblances, il dut occuper aussi Valence et Vienne. Et, comme il séjourna longtemps dans la contrée rhodanienne, on s'explique que nous y trouvions la plupart des pièces du nouveau monnayage au nom de l'empereur Maurice, tandis que nous n'en avons qu'un seul produit dans l'Aquitaine, où le prétendant, au plus fort de la lutte, ne faisait que de courtes haltes [1].

Mon savant contradicteur est allé jusqu'à prétendre que Gondovald se présentait dans les villes de la vallée du Rhône comme un simple particulier, et qu'il n'était point considéré ni traité comme chef de parti.

Mais tous les textes, toutes les circonstances de cet événement protestent contre une telle assertion.

Si Gondovald s'était présenté comme un simple voyageur à l'évêque de Marseille, celui-ci aurait-il été incarcéré et accusé de complicité dans une tentative destinée à replacer les Gaules

---

[1] Et encore faut-il remarquer que la seule monnaie de cette contrée qui porte la légende impériale de Maurice Tibère est sortie de Rodez (*Ratenis*), qui était à l'extrémité orientale de l'Aquitaine, c'est-à-dire dans la partie la plus rapprochée de la province d'Arles et de la vallée du Rhône; cette pièce appartient au riche médaillier de M. le vicomte de Ponton d'Amécourt. Voir l'*Annuaire de la Société française de numismatique et d'archéologie*, année 1880, p. 352.

sous la domination impériale? Le prélat se serait-il excusé en arguant d'ordres à lui donnés par les chefs austrasiens? Lorsque Mummole recevait et gardait auprès de lui le prétendant, et bravait ainsi le ressentiment du roi Gontran, faisait-il accueil à un simple particulier? Et quand le roi menaçait de sa colère Gontran Boson, et que celui-ci, rejetant la faute sur Mummole, offrait d'aller, avec une armée, l'assiéger dans Avignon, ce qu'il fit, s'agissait-il encore là d'une personne sans titre et sans importance?

C'est contre Mummole, objecte-t-on, et non contre Gondovald que se firent l'expédition et le siège d'Avignon. Mais pour quelle cause et en quelle qualité le patrice était-il ainsi attaqué, si ce n'est parce qu'il était le plus puissant et le plus dangereux partisan du prétendant?

Est-ce enfin un simple particulier que Mummole, les ducs Didier et Bladaste, et Waddon, maire du palais de la reine Rigunthe, accompagnèrent des bords du Rhône en Limousin, où les troupes l'élevèrent sur le bouclier?

Et je ne parle, on le voit, que des actes antérieurs à cette proclamation officielle. Je ne parle ni de ce fait même, qui est capital, ni des alliances de Gondovald, ni de ses déclarations réitérées, affirmant son droit à la couronne [1].

Prétendant et chef de parti, il le fut, cela est de toute évidence. Seulement son éducation avait été essentiellement littéraire, « litteris eruditus, » dit Grégoire de Tours [2]; il ne s'était

---

[1] Gondovald ne cessait d'invoquer son titre de fils de Clotaire Ier (Greg. Tur., VI, xxiv); il disait avoir été élu roi : « Noveritis « me... electum esse regem » VII, xxxiv; il demandait qu'on le reconnût en cette qualité : « Nunc autem recognoscite quia ego « sum rex » VII, xxxvi; il affirmait avoir toujours désiré régner avec le concours des grands qui avaient embrassé sa cause: « Per vos regnare semper optavi » VII, xxxviii; il déclarait avoir tout le principat des Gaules : « Omnem principatum Gallia- « rum » VIII, 11.

[2] Greg. Tur., VI, xxiv.

adonné que peu ou point au métier des armes; peut-être même était-il pusillanime : nulle part il n'est fait mention de sa vaillance, et l'on ne cite de lui aucun acte de courage personnel.

Au milieu de cette société de barbares, dont la plupart n'avaient emprunté à la civilisation romaine que ses vices, et qui avaient conservé l'admiration et le culte de la force brutale et de la bravoure militaire, c'était là, pour un prétendant, un grave défaut, une grande faiblesse, et ce fut probablement la cause principale de son échec définitif et de sa perte.

Mais ce serait méconnaître étrangement la vérité historique que de traiter comme une aventure sans importance un événement où nous voyons engagés, avec plusieurs prélats de la Province et de l'Aquitaine, les plus puissants et les plus célèbres personnages du temps, le roi Childebert lui-même, et, à un moment, la reine Brunehaut; un événement qui agita pendant une année tout le midi de la Gaule, et auquel Grégoire de Tours a consacré la plus grande partie du livre VII de son histoire et de nombreux chapitres des livres VI, VIII et IX.

M. Robert a invoqué un passage de notre vieil historien, d'après lequel Gondovald ne recevait, en son propre nom, que les serments des cités qui avaient appartenu à Chilpéric et à Gontran, et recevait, au nom de Childebert, le serment des populations qui avaient été sujettes du roi Sigebert; et, à ce propos, il est entré dans beaucoup de détails sur les partages successifs des cités de la Gaule entre les trois royaumes d'Orléans, d'Austrasie et de Bourgogne, partages dont l'étude a été si remarquablement faite par M. A. Longnon [1].

Le texte cité par mon confrère prouve d'une façon irrécu-

---

[1] *Géographie de la Gaule au vi^e siècle.* Paris, 1878, 2e partie, chap. III, pp. 120 et suiv.

sable que le prétendant exigeait *partout* le serment de fidélité; qu'il l'exigeait même des cités sur lesquelles il ne se croyait point appelé à régner directement[1]; d'où ressort la confirmation du fait considérable par nous signalé plus haut, à savoir que Gondovald agissait non seulement en qualité d'héritier de Clotaire Ier, mais à un titre plus élevé et en vertu d'un pouvoir beaucoup plus étendu, celui de délégué de l'empereur Maurice au gouvernement général de la Gaule, « omnem principatum Galliarum »[2]; il est à peine besoin d'ajouter que, loin de contredire notre thèse, cette circonstance fournit encore un nouvel argument en sa faveur.

III

Sur la troisième question, M. Robert conteste qu'il y ait eu, après Justinien, interruption dans la fabrication en Gaule de monnaies au nom de l'empereur régnant, et conséquemment reprise de ce monnayage sous Maurice.

Je vais examiner successivement les arguments dont il a appuyé son opinion :

1° Il croit pouvoir ajouter aux deux monnaies déjà attribuées à Justin II deux pièces que possède le musée de Marseille. Il remarque, en outre, qu'il existe des monnaies de Justin, dont *le faire* lui paraît être plutôt celui des officines gauloises que celui des fabriques byzantines.

Ces additions et cette observation sont à nos yeux mal justifiées. Il faudrait, d'une part, prouver que les deux pièces de

---

[1] Voici le passage de Grégoire de Tours dont il s'agit : « In civitatibus enim quæ « Sigiberti regis fuerant, *ex nomine Childe-* « *berti* sacramenta suscipiebat; in reliquis « vero quæ aut Guntchramni aut Chilpe- « rici fuerant, *nomine suo*, quod fidem ser- « varent, jurabant. Post hæc Egolismam « accessit, susceptisque sacramentis, mu- « neratisque prioribus, Petragoricum adgre- « ditur. » (VII, xxvi.)

[2] Greg. Tur., VIII, 11.

Marseille sont de Justin II et non de Justin Ier; ce que l'on ne fait pas.

Sans être aussi rigoureux que M. de Saulcy [1], nous pensons que les espèces portant le nom de Justin doivent être *a priori* considérées comme des pièces ou (du moins partiellement) des imitations de Justin Ier, semblables à celles d'Anastase et de Justinien. D'autre part, il paraît bien imprudent de se fier, pour déterminer l'origine gauloise des monnaies de Justin, à de simples appréciations *du faire*, qui sont à peu près arbitraires, et sur lesquelles les archéologues peuvent aisément varier et se trouvent souvent en désaccord. Aussi je doute fort que les numismatistes consentent à suivre mon savant confrère dans la voie où il s'engage [2].

A l'égard du tiers de sou qui porte, au droit, le nom d'un Justin, et, au revers, une croix sur un globe avec la légende GABALOR, M. Robert, qui la donne à Justin II, suppose que je la fais remonter à Justin Ier, et il combat cette idée par la raison que les monnaies d'or attribuées à ce dernier prince « sont toutes au type de la Victoire. »

Nous ferons observer, tout d'abord, que l'on trouve des exemples de la croix haussée sur un globe sous Justin Ier, et je citerai le n° 31 de la planche III de l'ouvrage de M. Sabatier, intitulé : *Iconographie de 5,000 médailles romaines, byzantines et celtibériennes*. En second lieu, loin de faire remonter la fabrication de la pièce dont il s'agit au règne de Justin le Thrace ou

---

[1] Ce regrettable savant, qui avait fait une étude spéciale de la numismatique byzantine, n'admettait comme étant de *Justin le Jeune* que les monnaies où ce surnom lui était donné. *Essai de classification des suites monétaires byzantines*, p. 36.

[2] M. Robert mentionne une opinion émise dans le sens de son propre avis par le conservateur du musée de Marseille. Mais on sait combien les fonctionnaires chargés de la garde de collections départementales sont enclins à enrichir leur numismatique locale par des attributions faiblement motivées.

Justin Ier (518-527), j'ai, dans mon premier mémoire sur *Le Monnayage en Gaule au nom de Maurice Tibère*, exprimé la pensée qu'elle avait dû être frappée à la fin du vi^e siècle ou au commencement du viie siècle, avec deux coins, dont l'un, celui du droit, aurait été imité d'un triens de Justin Ier, et l'autre, celui du revers, gravé à l'époque indiquée.

Enfin, M. Robert manifeste l'espoir qu'on découvrira peut-être de nouvelles monnaies gauloises attribuables à Justin II. Nous ignorons si les temps à venir révéleront ce que les siècles passés ont tenu si bien caché : mais ce que nous croyons pouvoir dire, quant à présent, c'est qu'il faut s'en tenir à ce que l'on connaît et que les quelques pièces douteuses dont on excipe ne sauraient être une base solide d'argumentation.

2° Dans l'antiquité, dit mon savant confrère, la monnaie, du moins chez les peuples secondaires, était, avant tout, un élément commercial et non un signe de souveraineté. Dans la Gaule anté-romaine, on fabriquait des pièces d'or, imitées et portant la légende des statères de Philippe, roi de Macédoine, sans que les Gaulois se crussent pour cela sujets de ce prince ou de ses successeurs. Il y a, au moyen âge, des exemples semblables. On frappait de même, en Gaule, des monnaies en imitation et aux légendes des empereurs byzantins, sans que les princes germains qui y régnaient vissent là une marque de sujétion à l'empereur. Conséquemment, conclut M. Robert, le monnayage gaulois au nom de Maurice n'avait pas cette signification.

La monnaie est essentiellement (cela n'a jamais été contesté) un instrument d'échange, un élément commercial. C'est même sa seule raison d'être; mais elle porta le plus souvent, comme elle porte de nos jours, dans les États organisés, la marque du prince, de la famille, du chef politique, ou de la ville dominante. Les exemples cités par mon honorable contradicteur, et notamment celui de l'imitation, dans la Gaule autonome, des statères de Philippe de Macédoine, n'ont vraiment aucun rapport avec la question. Il ne s'agit point ici de la Gaule antéromaine et d'un *souverain qui n'y avait jamais régné;* il s'agit de la Gaule du vi⁰ siècle de notre ère, et de populations *romanisées* par une longue occupation.

Dans l'empire romain, les monnaies frappées au nom et à l'effigie de l'empereur étaient, aux termes de la législation et dans les habitudes des peuples, un objet de vénération et de culte presque superstitieux. Non seulement la contrefaçon mais le simple refus d'acceptation en payement d'une monnaie revêtue de cette image et de cette légende sacrées étaient passibles de la peine capitale [1]. Un édit de 356 déclare coupable de *sacrilège* et punit de mort celui qui a fabriqué des monnaies ou les a transportées en divers lieux pour les vendre [2]. Aussi, dans la pensée des sujets de l'empire, l'image et la légende impériales gravées sur les espèces monnayées étaient inséparables de la souveraineté.

M. Robert a lui-même très justement constaté qu'à Rome et à Constantinople on regardait toujours la monnaie « comme une « conséquence de l'*imperium,* ou, si l'on veut, comme une éma- « nation du pouvoir souverain », et que les Francs lui avaient d'abord, ainsi que les autres Barbares, reconnu ce caractère [3].

---

[1] Décrets de Constantin, de l'an 317. Cod. Theodos., lib. IX, tit. xxii, l. 1; an 319, *ibid.,* tit. xxi, l. 1; an 321, *ibid.,* l. 2; an 343, *ibid.,* l. 5. Ce dernier édit inflige la peine de mort par le feu aux faux monnayeurs.

[2] « Quicumque vel conflare pecunias, « vel ad diversa vendendi causa, transferre « detegitur, *sacrilegii* sententia subeat, et « capite plectatur. » Édit de Constantin, de l'an 356. Cod. Theod., lib. IX, tit. xxiii, l. 1.

[3] *Numismatique de la province de Languedoc*, Période wisigothe et franque, tirage à part, p. 37.

Il s'opéra plus tard un changement dans les dispositions des chefs des États francs, mais ce changement était sans effet sur la cour de Byzance, qui ne cessait de voir dans l'émission de la monnaie d'or l'exercice et la manifestation de l'*imperium*, comme à l'égard des populations gallo-romaines et de leurs relations avec cet empire, auquel elles avaient obéi durant près de cinq siècles et dont la grandeur dominait encore les esprits.

C'est sous l'influence de cette idée de souveraineté qu'au IIIe et au IVe siècle, les tyrans ou usurpateurs qui surgirent en Gaule si nombreux et à des intervalles si rapprochés, se hâtaient de faire battre monnaie à leur nom, mettant ainsi sous les yeux et aux mains des Gaulois le signe matériel de leur entrée en possession du pouvoir, et d'un règne souvent bien éphémère.

C'est pour cela qu'au VIe siècle Théodebert, roi d'Austrasie, substituait sa légende à celle de l'empereur Justinien, et que cet acte, *qu'il n'osa accomplir qu'à la suite de ses victoires en Italie,* et qui fut considéré comme un acte d'audacieuse et presque sacrilège révolte, causa une si vive émotion à la cour de Constantinople.

C'est pourquoi l'historien Procope, témoin de l'incident, le lie à la question de souveraineté des Francs sur la Gaule, et traite à la foi les deux sujets comme n'en faisant qu'un seul [1].

C'est pourquoi enfin, au temps de Justin II et de Tibère Constantin, les rois francs, soucieux, d'une part, de ne pas heurter de vives répugnances, mais ne voulant point, d'un autre côté, renoncer à un droit acquis, firent ou laissèrent frapper, avec la légende immobilisée d'empereurs défunts ou

---

[1] *De bello Gothico*, lib. III, cap. XXXIII, dans le *Corpus Historiæ Byzant.* Bonnæ, in-8°, t. II, p. 416-417. Voir ce passage, reproduit dans notre premier mémoire sur *Le Monnayage en Gaule au nom de l'empereur Maurice Tibère.*

même avec des légendes confuses et souvent illisibles qui réservaient tout, la masse de monnaies qui se produisit alors.

Loin donc d'être sans importance et sans influence au regard des populations, le fait de l'inscription, sur les monnaies gauloises, de la légende de l'empereur Maurice, *de l'empereur régnant* à Byzance, après l'éclipse qu'elle avait subie sous les deux règnes précédents, avait une importance politique de premier ordre. Et cette importance était encore accrue par les circonstances particulières de l'expédition d'un prétendant, client subventionné de la cour de Constantinople, et se présentant comme muni, par délégation impériale, du principat des Gaules.

3° « Mais, objecte M. Robert, la monnaie de l'empereur
« Maurice n'a rien de particulier : elle a été frappée comme
« celles de tous ses prédécesseurs depuis Anastase, en vertu
« du système d'imitation des espèces byzantines. Seulement ce
« monnayage d'imitation n'a pas toujours eu la même abon-
« dance; il a été en décroissant à mesure que le temps mar-
« chait. »

Ce principe de la *décroissance graduelle* du monnayage romain, est, en effet, conforme à la logique et à l'histoire, et personne ne l'a mis en doute. Mais c'est précisément parce que les faits de la période qui nous occupe sont en contradiction manifeste avec ce principe, que nous devons rechercher la cause de ce phénomène.

Que s'est-il passé en effet?

Les espèces frappées *en Gaule* au nom de l'empereur de Constantinople, dans les États des Francs comme chez les Burgundions et les Wisigoths, pendant les règnes d'Anastase, de Justin Ier et de Justinien, sont en nombre très considérable.

Avec le successeur immédiat de Justinien tout change, et subitement on tombe d'un effectif énorme à un chiffre presque imperceptible.

Avec le deuxième successeur de ce prince, Tibère Constantin, le phénomène s'accentue encore davantage, car on ne trouve *pas un seul* produit monétaire de ce règne en Gaule.

Est-ce là, je le demande, une *décroissance graduelle?* Évidemment non : c'est une cessation presque entière d'abord, et complète ensuite.

Poursuivons : le fait postérieur à cette cessation absolue est encore plus frappant. Après elle, en effet, en vertu du principe fort juste rappelé par mon contradicteur, il ne devrait plus y avoir que *néant*. Que voyons-nous en fait? Absolument le contraire : au lieu des quelques monnaies douteuses de Justin II et du chiffre zéro de Tibère Constantin, nous avons, sous Maurice, un monnayage gaulois à sa légende, abondant et généralement de bonne facture, tellement considérable que le cabinet de France et le médaillier de M. de Ponton d'Amécourt en possèdent, à eux seuls, vingt-huit ou trente exemplaires.

Enfin, après Maurice, sous Phocas et Heraclius, l'effectif à la légende de l'empereur régnant à Constantinople retombe à une ou deux pièces.

Le monnayage de Maurice en Gaule est donc une exception entre deux périodes de disette, une sorte d'accident dans l'histoire monétaire de cette époque, un double démenti à la règle de *décroissance graduelle* de l'émission, sur notre sol, d'espèces frappées *au nom de l'empereur régnant*.

Dans notre premier mémoire, nous avions constaté que, chez les Wisigoths, le monnayage au nom de l'empereur régnant avait cessé après Justinien, comme dans les États des rois francs, et qu'elle y avait cessé définitivement et sans retour, tandis que, dans le sud-est de la Gaule franque, se produisait la reprise du monnayage au nom de Maurice.

M. Robert nous répond[1] que cela tient à ce que les Wisigoths avaient, dès le règne de Léovigilde, inscrit sur leur numéraire le nom royal; ce qui s'est continué sous les successeurs de ce prince.

Deux remarques sont à faire sur cette réponse:

La première, que, Justinien étant mort en 565, et Léovigilde n'ayant commencé à régner seul qu'en 572, il y a entre les espèces qui portent sa légende et Justinien un intervalle de sept ans, pendant lequel a régné l'empereur Justin II, et où l'on ne trouve pourtant *aucune pièce wisigothe à son nom*; ce qui concorde d'une manière frappante avec ce qui s'est passé, à la même date, dans la Gaule franque.

La deuxième remarque est celle-ci : cette particularité que le monnayage à légende impériale a été remplacé, sur le territoire wisigoth, par le monnayage à la légende de Léovigilde et de ses successeurs, n'ôte rien de son importance au contraste existant entre ce royaume et la partie sud-est de celui des Francs : celui-là continuant de ne plus frapper au nom de l'empereur de Constantinople, celle-ci, au contraire, reprenant ce mode de fabrication. C'est donc bien là un fait spécial à la région qui nous occupe; fait précis, indéniable, qu'il faut expliquer et dont notre système donne seul la raison.

La monnaie de Maurice Tibère en Gaule n'offre, dit-on, rien de particulier, comparativement aux types de Constantinople.

Elle n'a rien, en effet, et ne devait rien avoir de particulier

---

[1] Nous lisons dans la communication de M. Robert : « *On dira* peut-être que, etc. » Notre confrère aura perdu de vue ce que *nous avions dit* dans notre premier mémoire

à ce point de vue : c'était la conséquence de la frappe au nom de l'*empereur régnant*. Les fabricants gaulois prenaient une des pièces sorties des ateliers byzantins et faisaient graver des coins reproduisant l'effigie, le type du revers [1], et (*jusqu'à Justinien inclusivement*) *la légende de l'empereur régnant*.

La monnaie gauloise de Maurice ne présente donc pas de différence à cet égard. Elle ne diffère que par la légende du revers, et par les lettres du champ, qui marquent le lieu d'origine, ou bien par une seule de ces circonstances.

Mais, comparativement aux monnaies de Justin II et de Tibère Constantin, les monnaies gauloises de Maurice sont fort à remarquer : elles ont cela de particulier qu'elles existent et sont abondantes, tandis que les pièces *gauloises* de Justin II paraissent *à peine*, et celles de Tibère Constantin *pas du tout*.

4° Enfin mon contradicteur a rappelé que plusieurs monnaies d'or frappées, en Gaule, au nom de Maurice Tibère, portent, dans le champ, les lettres numérales XXI pour les sous, et VII pour les triens, lettres exprimant le nombre de siliques d'or que chaque pièce représente [2]; et il fait observer que certaines pièces de même origine et de même valeur, *mais non pourvues de marques numérales,* auraient fait à celles des ateliers d'Orient, dont les sous et tiers de sou avaient respectivement la valeur légale de XXIV et VIII siliques, une concurrence onéreuse sur les marchés de la Méditerranée, ce qui devait éloigner l'empereur byzantin d'en encourager la fabrication.

---

[1] M. Robert s'est beaucoup appesanti sur cette imitation, en Gaule, du type du revers des monnaies de Constantinople; cela est, comme je l'ai déjà dit et comme on le voit par mon argumentation, absolument sans intérêt dans le débat.

[2] Voir notre mémoire contenant l'explication de la formule DE SELEGAS, inscrite sur un certain nombre de monnaies mérovingiennes. (*Revue archéologique*, année 1880, t. II, p. 171.)

Je réponds, en premier lieu, que cette différence, quant à la valeur effective des espèces, ne faisait aucun obstacle à ce qu'elles entrassent en compte sur tous les marchés indistinctement, sur ceux d'Orient et de la Méditerranée comme sur ceux de la Gaule, la monnaie étant, à cette époque, suivant l'expression fort juste de M. Th. Mommsen, « plutôt *énonciative* « que *dispositive*, »[1] et les supputations s'effectuant d'après la proportion de *sa valeur réelle*[2]. La fabrication byzantine était, dès lors, complètement désintéressée dans cette affaire.

En second lieu, les pièces frappées à Marseille, Arles, Valence, Vienne, Viviers, Uzès et Rodez, étaient faites principalement pour la Gaule, en vue des besoins de la population gauloise, chez laquelle les valeurs correspondantes à XXI et VII siliques étaient établies et régulièrement admises; il était donc naturel que certaines officines de ce pays, tout en reproduisant (sauf les restrictions indiquées ci-dessus) la gravure des coins byzantins, continuassent de fabriquer leur monnaie dans les mêmes conditions.

Avant de clore cette discussion, je dois relever, dans l'intéressant et savant mémoire de M. Robert, le passage où, parlant des marques numérales d'espèces gauloises qui expriment une valeur inférieure à la valeur légale de l'*aureus* et de ses divisionnaires, il a cru y trouver un des éléments d'un système nouveau, lequel « était évidemment, ajoute-t-il, l'œuvre de l'admi- « nistration mérovingienne des royaumes francs, qui était ré- « gulièrement constituée. »

---

[1] *Histoire de la monnaie romaine*, traduction de M. le duc de Blacas, annotée par M. le baron J. de Witte, t. III, p. 157.

[2] Cette valeur du sou et du triens gaulois était taxée à un huitième au-dessous de la valeur des monnaies de Constantinople et des autres régions. Voir notre mémoire cité plus haut.

Je ne m'étendrai pas ici sur la question générale d'organisation du monnayage dans la Gaule franque, question très complexe et qui ne touche qu'indirectement à notre sujet. Je me bornerai à dire qu'il n'y a pas eu à proprement parler, en cette matière, de *système conçu et édicté par l'administration mérovingienne*. Non seulement on ne connaît pas une seule loi, un seul décret émané des rois francs, qui ait réglé le fait des monnaies, ou même dont on puisse induire l'existence de dispositions de cette nature; mais, sauf la *Vie de saint Éloi*, par saint Ouen[1], qui nous montre encore en vigueur, au VIIe siècle, les prescriptions d'un édit des empereurs Valentinien et Valens, du mois d'août 367[2], les divers monuments de cette période ne nous fournissent aucune lumière. D'après cela, on doit penser qu'il n'y a jamais eu, sous la première dynastie, de réglementation nouvelle, et que, sous ce rapport comme sous beaucoup d'autres, la société gallo-romaine continua de vivre avec les institutions et sur les errements du passé. Seulement, à la suite de la conquête du royaume de Bourgogne par les Francs (534) et du traité de cession consenti par Justinien en leur faveur (538), traité qui rompait le dernier lien politique entre la Gaule et le gouvernement impérial, il s'introduisit dans la fabrication de la monnaie, et particulièrement dans l'action des monnayers, des pratiques dont les unes furent imposées par les nécessités des temps, les autres suggérées par l'intérêt person-

---

[1] Apud D. Dacherii *Spicilegium*, édit. in-4°, t. V, p. 170.

[2] Cod. Theodos., lib. XII, tit. VII, l. 3. Cet édit prescrit de refondre sur place tout l'or versé dans les caisses publiques, soit en espèces, soit en lingots, pour impôts, confiscations, amendes, ou pour toute autre cause. La masse d'or pur résultant de cette fonte était seule transmise au Trésor. Et, quand M. Robert a exprimé l'idée « qu'à l'époque des monnaies dites « *monétaires* (c'est le VIIe siècle), les produits « du cens durent être versés, non en lingots « d'or, mais en monnaies d'or » (*Observations sur les monnaies mérovingiennes*; extrait des *Mélanges de numismatique*, 1882, p. 21), il s'est mis ouvertement en opposition avec les textes précités.

nel. Ces pratiques, isolées au début ou restreintes à certains points du territoire, se généralisèrent peu à peu, et aboutirent finalement, vers les dernières années du vi° siècle, à un état de choses dans lequel la légende du souverain fut l'exception, et où le numéraire mis en circulation n'avait pour garants que la signature d'un monnayer attitré et la mention de la localité ou de la cité dans lesquelles cette signature était accréditée, de l'église ou du monastère au compte desquels on avait frappé.

Nous ne saurions donc admettre la théorie de M. Robert sur ce point. Nous préférons la formule qu'un de nos plus habiles numismatistes, M. An. de Barthélemy, a employée pour caractériser le régime des *monétaires mérovingiens*: « Liberté complète « dans l'exercice de leur métier, pourvu qu'ils fabriquent de « bonnes espèces au poids légal et en bon or [1] »; formule à laquelle j'ajoute : « Liberté progressivement établie sans l'inter- « vention d'aucun règlement administratif »; et qu'il convient aussi d'amender en ce sens que la signature du monnayer devait être accréditée au lieu et dans le pays où il exerçait son industrie [2].

Quant à la valeur plus faible des monnaies gauloises compa-

---

[1] *Étude sur les monnayers, les noms de lieux et la fabrication de la monnaie mérovingienne*, dans la *Revue archéologique*, année 1865, tome I, p. 10; tirage à part, p. 12.

[2] M. de Barthélemy, depuis la publication de l'Étude précitée, a sensiblement modifié son opinion touchant les monnayers mérovingiens, car, au lieu d'individus *exerçant librement leur métier*, il a vu plus tard en eux *des officiers publics*.

(*Liste des noms d'hommes inscrits sur les monnaies mérovingiennes*, dans la *Bibliothèque de l'École des chartes*, t. XLII, année 1881; tirage à part, p. 3.) Il ajoute, à la vérité, qu'ils sont *d'un rang assez modeste* : mais, à part ceux qui étaient officiellement chargés de la direction d'un atelier public, comme Abbon l'était à Limoges [a], nous estimons que le savant archéologue est encore allé trop loin en les qualifiant « d'offi- « ciers publics ».

[a] « In urbe Lemovica publicam fiscalis monetæ officinam gerebat. » Vit. S. Eligii episc. Noviomensis. Apud Dacherii *Spicilegium*, édit. in-4°, t. V, p. 157.

rées à l'*aureus* de Constantin et à ses subdivisions, que M. Robert semble considérer comme une innovation contemporaine ou du moins voisine du règne de Maurice Tibère[1], c'est un fait qui remonte plus haut, et qui est, suivant nous, antérieur à l'occupation de la Gaule centrale et méridionale par la dynastie mérovingienne, dont conséquemment il ne peut être l'œuvre.

J'ai terminé l'examen des objections de mon savant confrère et ami : je crois y avoir répondu d'une manière satisfaisante, et avoir montré, en outre, que plus on pénètre dans l'étude des faits, plus on y trouve la justification d'une thèse qui, en plaçant sous son véritable jour un grave événement de l'histoire politique du vi[e] siècle, explique rationnellement le remarquable monnayage gaulois à la légende de l'empereur Maurice.

[1]. D'autres numismatistes paraissent avoir eu la même idée. Voir d'Amécourt, *Description raisonnée des monnaies mérovingiennes de Chalon-sur-Saône*, in-8°, 1874, p. 14. (Extrait du tome IV de l'*Annuaire de la Société française de numismatique et d'archéologie*.)

www.ingramcontent.com/pod-product-compliance
Lightning Source LLC
LaVergne TN
LVHW051512090426
835512LV00010B/2500